AF366820

Cloaca

Icone dell'arte e della merce

Roberto Costantino

Cloaca
Icone dell'arte e della merce
di Roberto Costantino

© 2021 Postmedia Srl, Milano

progetto grafico: Deplart, Ltd
Le immagini in questo libro riproducono le xerografie che Roberto Costantino
ha realizzato per questa edizione

www.postmediabooks.it
isbn 9788874903184

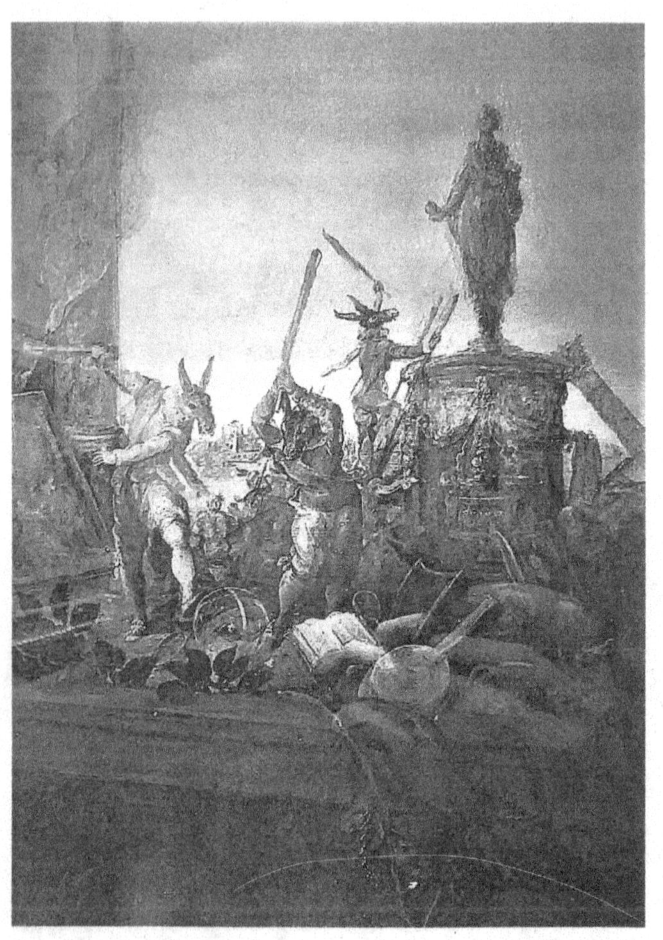

Marcel Duchamp
e gli appuntamenti con le cose

Anche se è risaputo che un appuntamento può avere luogo solo se si è in due a concordarlo, Marcel Duchamp ha avuto degli appuntamenti con degli oggetti e ha parlato in questi termini per riferirsi ai suoi ready-made che, a volte ci ha fatto solo conoscere e, il più delle volte, pure vedere. Ma aveva anche aggiunto che quando si era ritrovato ad avere questi appuntamenti si trovava in uno stato di "complete anaesthesia", tale per cui era assolutamente indifferente a qualsiasi cosa potesse allora venirgli incontro.

Comunque, era il 1913 quando, grazie a un appuntamento che ebbe con una ruota di bicicletta che girava a vuoto su uno sgabello, Marcel Duchamp era riuscito, finalmente, a distrarsi dalla pittura e da se stesso, anche se la parola "ready-made" gli sarebbe venuta in mente solo qualche anno dopo.

Nel 1914 Marcel Duchamp ebbe il secondo di questi appuntamenti, questa volta al Bazar de l'Hôtel de Ville di Parigi e con uno scolabottiglie. Scheletrico, ma di ferro, questo scolabottiglie era costituito da quattro staffe verticali a cui erano fissati sei grandi anelli da cui spuntavano decine e decine di asticelle rivolte verso l'alto, su cui avrebbe potuto posarvi ad asciugare le bottiglie di vino.

Sempre in quell'anno, Duchamp aveva avuto un altro appuntamento, con la riproduzione litografica di un dipinto – di un "pessimo pittore", per usare le sue parole – che ritraeva un ruscello che scorreva fra gli alberi di un paesaggio autunnale. Questo appuntamento lo aveva avuto in treno e durante il viaggio ne approfittò per scarabocchiare su questa stampa un paio di puntini di colore, percettibili solo a uno sguardo più che attento, ma vi appose anche la sua firma.

Nel 1915, quando già si era trasferito a New York, aveva avuto un nuovo appuntamento: questa volta con una pala da neve, nel negozio di un ferramenta in cui si era recato con l'amico pittore Jean Crotti. E solo allora pensò per la prima volta, di avere a che fare con un ready-made, anche se era già il quarto, e decise di "inscrivere" questa pala nelle seguenti parole trascritte anche sul suo manico di legno – *In Advance of the Broken Arm [after] Marcel Duchamp.*

Marcel Duchamp usa proprio questa parola, "Inscription", per dire degli appuntamenti che ha avuto con questi oggetti – che ha classificato come ready-made – "inscrivendoli", appunto, nelle sue parole.

In particolare, la parola "Inscription" – a proposito dei ready-made – compare per la prima volta in una nota lettera indirizzata da Marcel Duchamp alla sorella Suzanne nel 1916: "… Here in N. Y., I have bought various objects… and I treat them as 'ready-mades'… I sign them and I think of an inscription for them in English… I have, for example, a large snow shovel on which I have inscribed at the bottom: In advance of the broken arm…". Ma, la parola "Inscription" ritornerà in altre lettere ancora di Marcel Duchamp e, infine, come vedremo, anche in un promemoria, sempre del 1916, che Marcel Duchamp aveva riprodotto in *A L'Infinitif (The White Box)* del 1966.

Dunque, dopo aver avuto questo appuntamento, con una pala da neve, Duchamp decise di "inscrivere" nelle parole anche quegli oggetti con cui aveva avuto degli appuntamenti quando era ancora in Francia. La ruota sullo sgabello divenne il ready-made *Roue de bicyclette*, lo scolabottiglie il ready-made *Porte-bouteilles* e, in seguito, anche la stampa incontrata in treno divenne il ready-made *Pharmacie*. Ma da allora, tutti gli oggetti, con cui ha avuto degli appuntamenti, li ha definiti e classificati così: ready-made. Anche se aveva tenuto a precisare – in un'intervista rilasciata a Francis Roberts e pubblicata da *Artnews* solo nell'anno della sua morte – che lui questi appuntamenti non li aveva mai richiesti, non era stato lui a scegliere questi ready-made ma, al contrario, erano stati questi ready-made che avevano scelto lui.

Così, sempre nel 1915, quando aveva avuto un appuntamento con uno di quei ventilatori di latta che vengono montati sui camini, per aspirare l'aria ruotando su se stessi, decise di "inscrivere" questo oggetto prefabbricato nelle seguenti parole – *Pulled at 4 pins*.

L'anno dopo, quando aveva avuto un appuntamento con la custodia in pelle di una macchina da scrivere, marchiata con il nome del suo produttore, Underwood, decise di inscriverla nelle parole *Pliant… de voyage*.

Sempre nel 1916, Marcel Duchamp aveva avuto un appuntamento con un piccolo pettine grigio argento, in acciaio e per cani. Sul pettine, che divenne il ready-made *Comb*, incise il giorno e l'ora esatta in cui questo appuntamento si era verificato, anche perché questo ready-made si era fatto attendere a lungo ovvero era rimasto a lungo "latente" – per usare le sue stesse parole. Ma sul suo fine bordo tagliente, incise l'enigmatico enunciato erotizzante "3 ou 4 gouttes de hauteur n'ont rien a faire avec la savagerie".

Un paio di mesi dopo, nel giorno di Pasqua, Marcel Duchamp, in compagnia dell'amico collezionista Walter Arensberg, ebbe un altro appuntamento, questa volta con un gomitolo di spago. Solo che Arensberg si era divertito a inserire un piccolo oggetto dentro il gomitolo, prima che Duchamp lo bloccasse fra due lastre di rame, fissate l'una all'altra da quattro lunghi bulloni, su cui incise un'altra sequenza enigmatica di parole, in più lingue, che nessuno ha mai compreso. Ma quanto più importa è che da allora, l'identità di questo oggetto, che non si lascia vedere, è rimasta sconosciuta allo stesso artista che non è mai venuto a sapere cosa il ready-made nasconda allo sguardo. Nonostante, quando viene agitato, il lavoro produca ancora suoni indistinti, ciò che si cela al suo interno resta un mistero, che Marcel Duchamp e Walter Arensberg non hanno voluto svelare. Per tale motivo, Duchamp decise di inscriverlo in queste parole: *With Hidden Noise*.

Sempre quell'anno, aveva avuto un appuntamento mentre stava cenando all'Hotel des Artistes di New York. Qui, come raccontò nel 1966 al critico d'arte Dore Ashton, vide un grande affresco a parete di una scena di battaglia, si alzò dal tavolo e, di fronte ai suoi amici per lo meno increduli, vi appose la sua firma per esteso e lo fece diventare il ready-made *The Battle Scene*.

L'anno dopo, nel 1917 Marcel Duchamp aveva avuto un altro di questi appuntamenti, ma nel suo studio e con un attaccapanni posato a terra, sui cui sarebbe potuto inciampare più volte, finché riuscì a pronunciare una parola e fu *Trap*. Ma quell'anno ebbe un altro appuntamento, ancora una volta nel suo studio, con una cappelliera che veniva giù dal soffitto su cui proiettava la sua ombra che si riversava pure sulla parete cui era a ridosso. Il titolo in cui lo inscrisse fu *Hat Rack*.

Quell'anno di appuntamenti ne aveva avuti tre a New York. Così, dopo l'attaccapanni e la cappelliera, aveva pure avuto un rendez-vous con un orinatoio, uno di quelli a muro, tipico dei bagni pubblici riservati a noi maschi. Ma quest'orinatoio era rovesciato di novanta gradi e sdraiato sul dorso, impedendone l'uso. Decise quindi di fissare quest'appuntamento, per sempre, in una sola parola – *Fountain*.

Nel 1918, quando si era trasferito a Buenos Aires per poco meno di un anno, aveva avuto un appuntamento anche lì, con un manuale di geometria che sua sorella avrebbe steso alla finestra – come da sue istruzioni dettate a distanza – per farlo sfogliare dal vento ed esporlo a quella pioggia che da lì a poco gli avrebbero dato il colpo di grazia. Senza esitazioni, decise di intitolarlo *Ready-made Malheureux*.

Una volta ritornato a Parigi, nel 1919, ebbe un appuntamento, non dico con la Madonna ma, comunque, con la Monna Lisa. Una volta incontrata, per farle uno scherzo, aveva disegnato sul volto un paio di baffi e un pizzetto. La signora, sorridente e conciata in quel modo, era riuscito a farlo sogghignare un bel po'. L'iscrizione fu immediata – *L.H.O.O.Q.* – e a proferirla in francese suona più o meno così – "Elle a chaud au cul" ovvero "Lei ha caldo al culo". Insomma, a quel punto Monna Lisa era eccitata.

Sempre a Parigi, nel 1920, aveva avuto un altro appuntamento ancora, ma questa volta in una farmacia, e con una bella ampolla di vetro soffiato che i farmacisti in genere usano per conservare i sieri. Solo che l'ampolla sembrava vuota e il titolo che le diede avrebbe scacciato ogni dubbio in proposito – era l'Air de Paris.

Le parole che avanzano

Marcel Duchamp, negli anni Dieci del Novecento, ha concepito un ready-made che si è materializzato esclusivamente nelle sole parole in cui lo ha "inscritto": è il caso del "ready-made réciproque" *Se servir d'un Rembrandt comme planche à repasser*.

Marcel Duchamp ha conservato queste parole in una delle sue "Note" che abbiamo conosciuto grazie alla *Green Box* del 1934, ma di questo ready-made era tornato a dirne qualcosa, pubblicamente, anche nel 1959, nel corso di un'intervista concessa a George Heard Hamilton, Richard Hamilton e Charles Mitchell per la BBC: "... You take a painting by Rembrandt and instead of looking at it you use it plainly as an ironing board. You iron your clothes on it, so it becomes a ready-made reciprocal.... we had to be iconoclastic then." Poi, vi si era soffermato di nuovo, ricorrendo ancora una volta alle sole

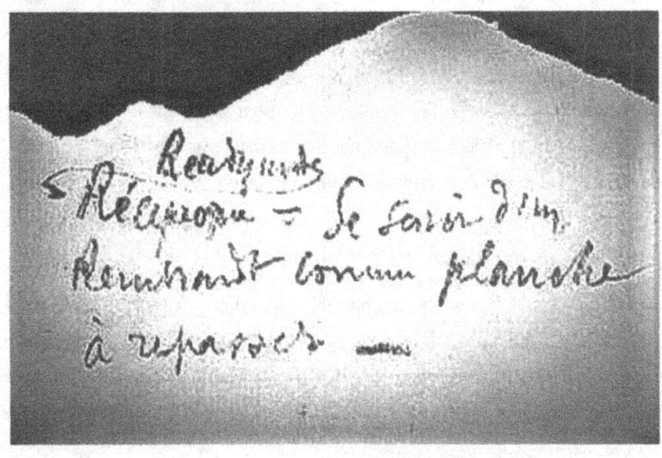

parole, durante un convegno al MoMa di New York, nel 1961, nell'ambito dell'esposizione "The Art of Assemblage" curata da William Chapin Seitz, in cui tenne il discorso "Apropos of Ready-made" che venne pubblicato cinque anno dopo a Londra dalla rivista *Art & Artists*. E lì affermò: "At another time, wanting to expose the basic antinomy between art and 'Ready-mades', I imagined a 'Reciprocal Ready-made': *use a Rembrandt as an ironing board!*"

Il "ready-made réciproque" *Se servir d'un Rembrandt comme planche à repasser* è un ready-made tramandato solo a parole. Non possiamo far altro che muoverci esclusivamente fra le sole parole che Marcel Duchamp ha enunciato. Sono le parole che fanno sì che *Se servir d'un Rembrandt comme planche à repasser* sia classificabile ancora come un ready-made e il catalogo generale dell'opera di Marcel Duchamp ci riserva anche questo "ready-made réciproque", che ha luogo solo nelle parole che lo raccontano, facendoci vedere quanto possiamo solo immaginare. E quanto possiamo immaginare è una tela – di Rembrandt – usurata, sfibrata e deformata dall'azione insistente e invasiva del ferro caldo che la scalda, l'asciuga e la riscalda nel vapore acqueo che emana. Una tela strappata, bucata, lacerata. Una tela rigida e fragile, con le sue pieghe indurite che incorniciano rigonfiamenti e distacchi dello strato preparatorio di gesso, colla e pigmenti. Le crepe grosse al centro della tela e la vernice che è umida. Le crepe più sottili e fitte verso i bordi, con la vernice invece asciutta e opacizzata da un avanzato stato di ossidazione. Il sottile manto di cenere appiccicosa, rilasciata dalla combustione di tela e colla, vernici e colori, che avvolge, come una velina, ampie aree della tela. Muffe, batteri e spore che proliferano a colonie. Piccoli puntini neri, macchie scure e compatte, macchie che sfarinano e si sfogliano.

Dunque, attraverso le sue parole iconoclaste, Marcel Duchamp è giunto a contemplare, e noi con lui – anziché un "capolavoro" di Rembrandt – un ready-made che si disfa mentre viene fatto, per giungere alla propria autodistruzione. E, alla fine, sono solo le parole che avanzano – *Se servir d'un Rembrandt comme planche à repasser.*

"trouver inscription pour Woolworth Bldg comme ready-made"

Abbiamo visto il ready-made *Se servir d'un Rembrandt comme planche à repasser,* un ready-made che ha avuto luogo esclusivamente fra le parole con cui si è reso a noi presente. Ma, oltre a questo ready-made che non ha mai avuto luogo se non nella sua sola enunciazione, conosciamo pure un ready-made che Marcel Duchamp non è riuscito ad inscrivere nelle parole che avrebbe voluto proferire. Insomma, è un ready-made di fronte a cui sono venute meno anche le parole.

Si tratta di un ready-made cui Marcel Duchamp accenna in un promemoria del 1916, reso pubblico in facsmile solo nel 1966, in *A L'Infinitif (The White Box)* pubblicato dalla Cordier & Eckstrom Gallery di New York.

Il promemoria recita perentorio: "trouver inscription pour Woolworth Bldg comme ready-made" – "trova un'iscrizione per il Woolworth Building". Evidentemente, non è altro che un memento con cui Marcel Duchamp marca la propria volontà di trasformare un grattacielo – il più alto di Manhattan, in quegli anni – in un ready-made. Duchamp non trovò mai le parole in cui

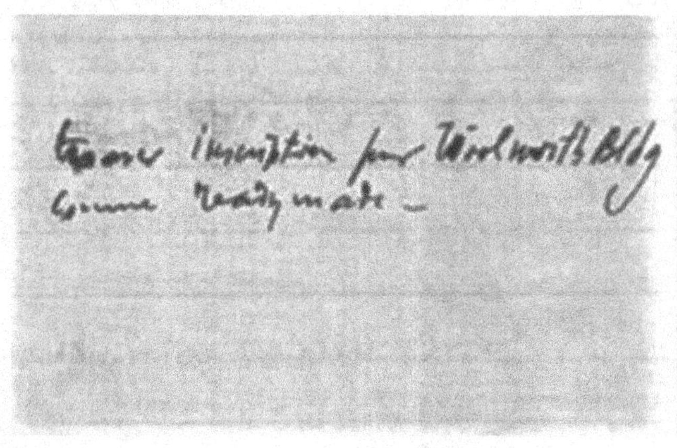

inscrivere e accogliere questo grattacielo, nonostante la perentorietà del suo intento che ha voluto documentare significativamente.

Non per niente, Marcel Duchamp ha fatto sapere che "trouver inscription pour Woolworth Bldg comme ready-made" è un "ready-made latente", cioè un ready-made solo prossimo a parole che non sono riuscite ad afferrarlo e inscriverlo in sé. Ciononostante, è comunque un ready-made che abbiamo conosciuto, anche se è rimasto in uno stato latente, a causa di una manciata di parole non dette.

Comunque, grazie a questo "ready-made latente" siamo venuti a sapere che è possibile avere a che fare con un ready-made non solo attraverso le parole che lo dicono – come nel caso del "ready-made réciproque" *Se servir d'un Rembrandt comme planche à repasser* – ma anche in loro assenza, nel momento in cui Marcel Duchamp è scivolato dalle parole alla loro assenza.

Marcel Duchamp ha reso noto solo un promemoria, con cui ha certificato un'assenza – "trouver inscription pour Woolworth Bldg comme ready-made" – ma la certificazione di quest'assenza è altra cosa ancora che un'assenza tout court.

Dunque, non è possibile fare altro che guardare questo promemoria che fa le veci delle parole in cui Marcel Duchamp non è riuscito a inscrivere questo grattacielo. Tuttavia, questo "ready-made latente" riesce a farsi mettere a fuoco, anche se il suo spazio è alquanto incerto, compreso fra il potere delle parole e la loro assenza. Malgrado ciò, questo ready-made innominato è classificato e contemplabile a sua volta nel catalogo dell'opera di Marcel Duchamp. E alla fine, anche questo ready-made diviene esemplare e lo diventa proprio perché ancora non è, ovvero perché è, appunto, "latente".

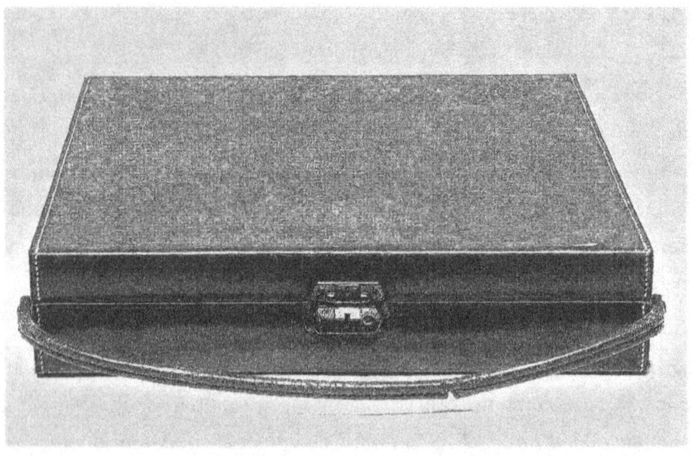

Sparizione e apparizione dei ready-made

Nel 1916 Marcel Duchamp aveva esposto due ready-made alla Bourgeois Gallery di New York, ma si tratta di un evento eccezionale e altrettanto singolare: ancora oggi non si sa quali fossero i due ready-made portati in galleria, anche se Robert Lebel, nel 1959, e poi Arturo Schwarz, nel 1969, hanno ipotizzato che fossero stati esposti *In Advance of the Broken Arm [after] Marcel Duchamp* e *Pliant... de voyage*. Ma chissà… Non si ha alcuna certezza in proposito – il catalogo dell'esposizione riferisce genericamente di "n. 2 ready-made".

Per di più, siamo venuti anche a sapere che questi ready-made non erano stati mostrati nello spazio espositivo della galleria, bensì nel suo atrio, fra un armadietto, un portaombrelli e alcuni vasi, senza essere neppure contrassegnati con il nome dell'autore e i titoli del caso. Erano semplicemente lì, e chi li aveva esposti voleva, obiettivamente, che passassero inosservati.

Dunque, oltre che non sapere quali ready-made siano, possiamo pure dire che non siano stati neppure resi pubblici in questa occasione, rimanendo relegati in una sorta di Privé, riservato a Duchamp e al gallerista, senza che nessun altro potesse divenire consapevole di ciò che avrebbe potuto vedere.

Qualcosa di simile si verificò, sempre lo stesso anno, in occasione di un'altra esposizione, che Marcel Duchamp aveva fatto alla Montross Gallery di New York insieme a Jean Crotti e a due cubisti di prim'ordine e della prima ora, come Albert Gleizes e Jean Metzinger. Qui Duchamp espose *Pharmacie*, la "graziosa" stampa da tinello del 1914, ma anche in questo caso fece in modo che il ready-made non venisse notato, in mezzo a tanti dipinti con cui pretendeva di confondersi, nonostante la sua mediocrità.

Insomma, in entrambe le due occasioni espositive del 1916, i ready-made fecero di tutto, paradossalmente, per non farsi riconoscere e, alla fine, per intenderci, in entrambe le occasioni espositive non si fecero vedere in pubblico per quello che effettivamente erano o avrebbero potuto essere.

L'anno successivo, nel 1917, invece, Marcel Duchamp avrebbe voluto rendere pubblico, sotto le mentite spoglie di un ignoto R. Mutt, un ready-made come *Fountain*.

Secondo alcuni storici dell'arte, Duchamp avrebbe comprato questo orinatoio insieme a Walter Arensberg in un negozio di sanitari a New York, ma per altri, invece, lo avrebbe ricevuto in dono dalla sua amica poetessa e traduttrice Louise Norton e per altri ancora sarebbe stata la Baronessa Elsa Von Freitag-Loringhoven, l'eccentrica artista borderline, a farglielo avere – non si ha alcuna certezza in proposito.

Fountain, a detta di alcuni, sembrava una sorta di Budda, per altri era incredibilmente bello come una scultura di Brancusi, ma per i più non era altro che un orinatoio e pertanto venne rifiutato dalla Society of Independent Artists di New York, che non lo espose.

A qui tempi si era potuta vedere una sola fotografia di *Fountain*, opera di Alfred Stieglitz, che venne pubblicata dalla piccola rivista d'arte di New York, *The Blind Man*, fondata dallo stesso Duchamp insieme a Beatrice Wood ed Henri Pierre Roché. Ma quanto più importa è che dopo essere stato rifiutato e almeno fotografato per *The Blind Man*, *Fountain* sia scomparso, anche se non si è mai saputo come e perché.

Un ready-made come *Le Ready-made Malheureux* era stato donato da Marcel Duchamp alla sorellina pittrice, in occasione delle sue nozze nel 1918 ma, come abbiamo già visto, era destinato ad andare distrutto dalle intemperie in un breve lasso di tempo e, a parte Suzanne e suo marito, il pittore Jean Crotti, nessun altro ha mai potuto vederlo. Comunque, è nota una piccola tela, *Le ready-made malheureux de Marcel*, dipinta a olio nel 1920 da Suzanne, pittrice come Marcel Duchamp e altri due dei suoi fratelli, Jacques Villon e Raymond Duchamp-Villon che si ricordano come pittori di una certa qualità, degli inizi del Novecento. Ma anche Marcel Duchamp ha preservato memoria del *Ready-made Malheureux* nella *Green Box*, grazie a una fotografia scattata sempre dalla sorella, prima che andasse distrutto, come previsto.

Un "ready-made-réciproque" come *Se servir d'un Rembrandt comme planche à repasser* e un "ready-made latente" come "trouver inscription pour Woolworth Bldg comme ready-made" davanti ai quali ci siamo già soffermati, ovviamente li abbiamo tutt'al più immaginati, sempre grazie alle note conservate nella *Green Box* del 1934 e in *A L'Infinitif (The White Box)* del 1966.

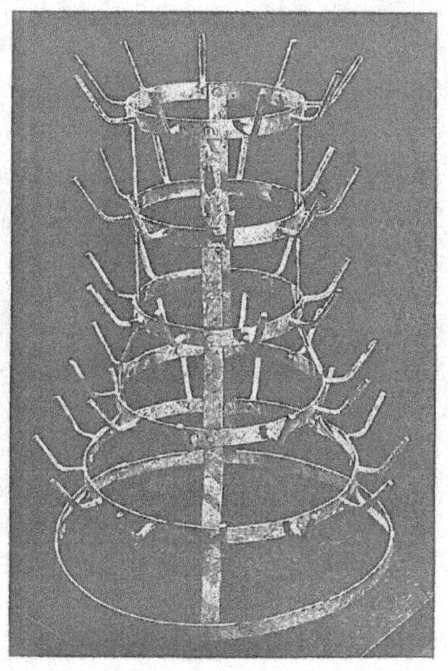

Di un ready-made come *Pulled at 4 pins* abbiamo una prima traccia nel noto scritto di Andreé Breton, "Phare de la Mariée", pubblicato nel 1935 a Parigi sulla rivista *Le Mintoaure* e poi nel 1945 a New York sulla rivista *View*: "…le plafond de l'atelier de Duchamp en 1915 hérissé d'objets tels que porte-manteau, peigne, girouette…". Tuttavia, non conosciamo una sola fotografia che lo documenti e non si ha alcuna "Note" in proposito. Ma il caso vuole che un anno dopo la sua retrospettiva al Pasadena Museum of Art nel 1963 Marcel Duchamp abbia fatto uno schizzo di *Pulled at 4 pins* su una lastra di rame da cui ha tratto una serie di acqueforti per il gallerista Arturo Schwarz. Insomma, *Pulled at 4 pins* è l'unico ready-made che Duchamp abbia disegnato, ma per evocarlo a distanza di circa cinquant'anni dalla sua scomparsa. Comunque, abbiamo anche altre fondamentali testimonianze di questo ready-made, fra cui quella del compositore Edgar Varèse – marito della poetessa Louise Noland a cui Duchamp lo aveva donato – che vi si sofferma in una conversazione avuta con Arturo Schwrarz nel 1964. Ma anche la stessa Noland, in occasione della retrospettiva post-mortem di Duchamp organizzata dal Philadelphia Museum of Art nel 1972, ricorda in catalogo questo ready-made e il dispiacere provato per la sua perdita.

Il ready-made *The Battle Scene*, ossia l'affresco della scena di battaglia dell'Hotel des Artistes, è invece scomparso quando il ristorante è stato ristrutturato, ma fino ad allora non era stato notato da nessuno e gli amici di Duchamp che avevano assistito a questo suo "rendez-vous" lo avevano mantenuto segreto, anziché renderlo pubblico. Fa eccezione Andre Breton che nel 1935, a distanza di circa vent'anni dall'evento, ne accenna in "Phare de la Mariée": "… je pense, par exemple, à l'acte de signer une grande toile décorative, quelconque, dans un restaurant….". Ma il caso vuole che lo stesso Duchamp ne abbia parlato una volta, nel 1966, in occasione della sua retrospettiva alla Tate Gallery di Londra, nel corso di un'intervista rilasciata a Dore Ashton per la rivista *Studio International*: "Once, many years ago, I was dining with some artists at the old Hotel des Artistes here in New York and there was a huge old-fashioned painting behind us – a battle scene, I think. So I jumped up and signed it…". Insomma, anche di questo ready-made non abbiamo che parole ovvero testimonianze e dichiarazioni verbali – pur messe per iscritto e di prima mano – ma a noi non è rimasto altro.

In ogni caso, anche tutti gli altri ready-made che abbiamo finora conosciuto sono a loro volta scomparsi immediatamente, almeno in pubblico, dopo che Duchamp aveva avuto con loro gli appuntamenti di cui sappiamo. Alcuni di questi erano andati a loro volta distrutti oppure erano stati smarriti, più che altro per incuria, ma altri ancora non si erano visti perché volevano essere dei doni riservati a cari amici, a cui Marcel Duchamp non aveva voluto dare alcuna rilevanza pubblica, all'epoca dei fatti. Ciononostante, di questi ready-made scomparsi si hanno comunque indizi, tracce e prove, risalenti a quegli anni.

Oltre alle due mostre a New York del 1916, agli appunti conservati nella *Green Box* e in *A L'Infinitif (The White Box)* e alle lettere scritte alla sorella

Suzanne e al marito Jean Crotti, sono note anche delle fotografie in bianco e nero, scattate dall'amico Henri-Pierre Roché nel giugno del 1918 nello studio di Duchamp a New York, in cui si riconoscono, sparsi quì e là, *Fountain*, *Bicycle-Wheel*, *In Advance of the Broken Arm [after] Marcel Duchamp*, *Trap* e *Hat Rack*. Anche se è il caso di sottolineare che queste lettere e fotografie, pur risalenti all'epoca dei fatti, sono state rese pubbliche molto più in là nel tempo, nel 1954, in occasione dell'esposizione pubblica della collezione che Louise e Walter Arensberg avevano donato, quattro anni prima, al Philadelphia Museum of Art, poco prima di morire entrambi.

Oltre a queste lettere, fotografie, note, disegni e testimonianze di prima mano, a dire il vero Marcel Duchamp aveva comunque fatto conoscere una buona parte dei suoi ready-made nel 1941, nella *Boîte en-valise*, una valigia di Louis Vuitton che aveva trasformato nel "museo portatile" delle sue opere, grazie all'appassionato sostegno dell'amica Peggy Guggenheim. Ma, in questa valigia, ovviamente non avevano certo trovato spazio i suoi ready-made, bensì si erano potuti vedere dei modellini miniaturizzati di questi ready-made scomparsi.

Comunque, quanto più importa è che la maggior parte dei ready-made a un certo punto sia apparsa in pubblico. Queste "apparizioni" dei ready-made, come vedremo, sono avvenute quando ormai erano passati, in alcuni casi una ventina d'anni, ma più di trenta o quaranta il più delle volte, da quando Duchamp dichiarava di aver avuto gli appuntamenti.

Un ready-made del 1914 come il *Porte-bouteilles* si è visto per la prima volta in pubblico solo nel 1936 alla Galerie Charles Ratton di Parigi, nell'ambito dell'"Exposition Surréaliste d'objets mathématiques, naturels, trouvés et interprétés". Lo scolabottiglie faceva mostra di sé in una vetrina colma di piante carnivore, maschere eschimesi, bambole e teste mummificate che non avevano certo la pretesa di essere degli "oggetti artistici". Ma, nello stesso anno, il *Porte-bouteilles* si è visto in occasione dell'esposizione "Fantastic Art, Dada, Surrealism" curata dal visionario Direttore del MoMa di New York, Alfred Hamilton Barr, ma esclusivamente in catalogo, in una fotografia scattata da Man Ray per conto di Duchamp.

Un ready-made come *Pharmacie* si è visto per la prima volta nel 1945, in un'edizione limitata allegata a *View*, la rivista di New York che dedicò in quell'anno l'intero numero di marzo all'opera di Duchamp.

Un ready-made come *Fountain*, invece, si è potuto vedere in pubblico, per la prima volta, solo nel 1950 nella mostra "Challenge and Defy" organizzata dalla galleria di Sidney Janis a New York.

Anche un ready-made del 1915 come *In Advance of the Broken Arm [after] Marcel Duchamp*, di cui si era venuti a sapere qualcosa in una delle lettere scritte da Marcel Duchamp a Suzanne, ma che avevamo visto anche in una delle fotografie scattate in quegli anni nel suo studio, è immediatamente scomparso per riapparire in pubblico, per la prima volta, non prima del 1950, alla Yale University Art Gallery nel New Haven in Connecticut, in occasione di una mostra della Société Anonyme di New York, la pionieristica galleria attiva fin dal 1920, fondata da Katherine Dreier, Man Ray e dallo stesso Marcel Duchamp, per promuovere le avanguardie europee sul mercato americano.

Ma il caso vuole che anche *Roue de bicyclette* sia apparso per la prima volta in pubblico soltanto nel 1951, nell'ambito della mostra "Climax in 20th Century Art" tenutasi nella galleria di Janis & Harriet Sidney a New York. E qui, la *Roue de bicyclette* era insieme al *Porte-bouteilles* che, finalmente, anziché fra uova, maschere e altre stranezze, era stato esposto insieme a quelle opere d'arte da cui il "Dada's Daddy" – cosiddetto dalla rivista *Life* – aveva preso le inequivocabili distanze, proprio con questi ready-made.

Anche *L.H.O.O.Q.* era subito scomparso, ma nel 1920 Francis Picapia era riuscito comunque a farlo vedere sul n.12 della sua rivista *391*, pur dimenticandosi di aggiungerle il pizzetto. Ma, per essere precisi, *L.H.O.O.Q* fu vista per la prima volta dal pubblico, e non solo con i baffi, nel 1953, nella collettiva *Dada* tenutasi nella galleria di Janis & Harriet Sidney a New York. Poi, nel 1954 si erano potuti vedere di nuovo il *Porte-bouteilles* e *Roue de bicyclette*, al Philadelphia Museum of Art, insieme a quei ready-made come *Comb, Fountain, With Hidden Noise* e l'*Air de Paris* che Duchamp aveva inscritto nelle parole negli anni Dieci, per donarli ad amici foraggiatori come Louise e Walter Arensberg che, a loro volta, li donarono a questo museo.

Un ready-made come il *Porte-bouteilles* era tornato a farsi rivedere a Parigi nel 1957, in occasione della mostra "Retrospective Dada" alla Galerie de l'Institut, e raggiunse di nuovo New York alla vigilia degli anni Sessanta, per l'esposizione "Art and the Found-Object" tenutasi appunto nel 1959 al

Time-Life Reception Center. Poi, nel maggio del 1960, la *Roue de bicyclette* e il *Porte-bouteilles* erano stati esposti nella galleria Bokkonsum di Stoccolma, mentre l'anno dopo il *Porte-bouteilles* veniva portato in trionfo al MoMa, nella magistrale esposizione "The Art of Assemblage" curata da William Chapin Seitz. Ma nel 1963, di nuovo a Stoccolma, nella Galerie Burén si erano rivisti il *Porte-bouteilles*, l'*Air de Paris, Comb, Fountaine, Pliant... de voyage* e *In Advance of the Broken Arm [after] Marcel Duchamp*.

E questi ready-made, dopo essersi stati mostrati in Svezia grazie all'ostinata propaganda di Pontus Hulten e Ulf Linde, in corso da tempo, tornarono a farsi vedere, sempre quell'anno, al Pasadena Art Museum in California, insieme a quei ready-made come *Trap* e *Hat Rack* – che ancora non erano apparsi in pubblico – e agli altri ready-made che fino ad allora avevamo visto in ordine sparso. L'occasione era di prim'ordine: come abbiamo visto, si trattava della prima mostra personale, al tempo stesso retrospettiva, di Marcel Duchamp. Ma il caso vuole che tutti questi ready-made vennero poi donati da Duchamp al Moderna Muséet di Stoccolma – sempre grazie ai buoni uffici di Ulf linde e di Pontus Hultén che del museo ne era il direttore – per continuare a fare di questi ready-made dei doni, anziché perderli, immaginarli, distruggerli o, addirittura, venderli.

Ma ora, quanto più importa evidenziare è che tutte le esposizioni in cui sono stati resi pubblici i ready-made di Marcel Duchamp, a parte alcune eccezioni, sono avvenute tutte nella seconda metà del Novecento, ed è anche il caso di notare che tutti i ready-made sono apparsi pubblicamente in mostre che ricostruivano la storia delle avanguardie dei primi decenni del Novecento, volendo far sapere che la storia dell'arte era avvenuta anche così.

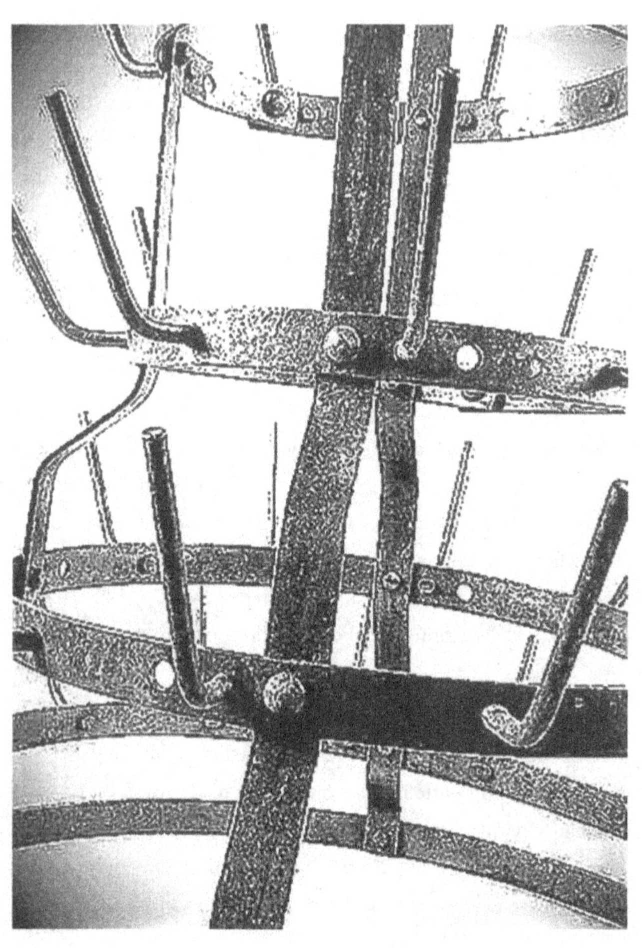

Dallo scolabottiglie di Vulcano
al ready-made di Marcel Duchamp

Quattro sono le staffe portanti verticali da forgiare. Sei gli anelli, di grandezze decrescenti – il più grande ha un diametro di circa sessanta centimetri e fa da base. Gli anelli si fissano orizzontalmente alle staffe, a una ventina di centimetri l'uno dall'altro. Oltre quaranta sono le asticelle da saldare sui bordi degli anelli, da piegare e rivolgere verso l'alto. La forma finale è un po' quella di un cono tronco. L'oggetto che è stato forgiato è uno scolabottiglie.

I pezzi di ferro che compongono lo scolabottiglie devono essere forgiati uno a uno, dopo averli resi incandescenti nella forgia a carbone. Bisogna prenderli con grosse tenaglie quando sono di colore giallo arancio rovente, per appoggiarli sull'incudine. Per colpirli a martellate. Per curvarli, capovolgerli e continuare a ribatterli, curvarli e comprimerli. Per deformarli e plasmarli. Sempre a martellate. Battendo il martello contro il ferro appoggiato sull'incudine. Continuando a batterlo per stirarlo, in un senso per ridurne lo spessore, in un altro per ridurne la larghezza, in un altro ancora per aumentarne la lunghezza.

I vari pezzi sono rifiniti con cesoie e lime, uno a uno. Per farne degli anelli, dei cerchi che devono essere forati in più punti. Alle staffe portanti si saldano dei punzoni, sempre in ferro, in più punti e a distanza regolare, in corrispondenza dei fori aperti nei cerchi. Poi, gli anelli forati e le staffe con i punzoni devono essere nuovamente riscaldati nella forgia, per essere ancora percossi col martello e saldati insieme alle asticelle, che vanno piegate e rivolte verso l'alto. Sempre a martellate.

A questo punto, composto l'assemblaggio dei pezzi ormai raffreddati, il manufatto va immerso in una vasca, per poterlo zincare a caldo e proteggere dalla corrosione.

È così che si forgia uno scolabottiglie, la cui funzione è accogliere delle bottiglie, trattenendole per il collo per farle asciugare e poterle riempire nuovamente con il vino.

Gli scolabottiglie sono forgiati in fucine in cui si forgiano pure i vomeri degli aratri, i cerchi per carri, badili, vanghe, zappe, ringhiere e cancelli, ma anche cardini e cerniere per portoni o battenti e tutti gli strumenti necessari al lavoro. Questi oggetti sono forgiati da Vulcano, dio mitico per la sua forza e per la sua la capacità ineguagliabili di forgiare il ferro. Un mito durato millenni. Celebrato ancora in epoca moderna sia da Velasquez, nella sua fucina, sia da Rubens mentre forgiava le folgori per Giove, Vulcano è sempre vestito di una semplice tunica e ha la spalla destra scoperta. Sudato, coperto di fuliggine, oppure completamente nudo, sempre all'incudine e con il martello in mano, come i più lo hanno conosciuto sulle cinquanta lire andate.

A Marcel Duchamp non interessava per niente che lo scolabottiglie potesse servire a qualcosa. Non gli interessava niente neppure del valore del saper fare dell'abile artigiano che aveva forgiato questo scolabottiglie con orgoglio professionale. Non gli interessava neanche il travaglio che la realizzazione di un manufatto del genere comunque comporta. Ed è certo che Duchamp fosse altrettanto indifferente all'eventuale bellezza materiale del manufatto in ferro battuto e verniciato in modo decoroso. È piuttosto evidente che si potrebbe evitare di guardare questo scolabottiglie tramutato in ready-made – non ha nulla di così interessante. Non per niente, Duchamp aveva chiarito che un ready-made, in genere, non è fatto per i nostri occhi e non ha nulla a che fare con il nostro sguardo. A Duchamp allora non importava neppure che il ready-made avesse un significato o meno, che fosse un'opera d'arte oppure no: quello che era uno scolabottiglie qualsiasi era stato spogliato di ogni attributo divenendo qualcosa di incomprensibile.

Il ready-made trascende la nostra capacità intellettiva – la sua realtà è a noi preclusa. La realtà del ready-made permane un mistero che Marcel Duchamp ha voluto tramandare tale e quale. E siccome tale mistero non contempla neanche la sua rivelazione, si ha l'opportunità di credere quello che si vuole – a noi non è richiesta neppure la fede ed è come se questo ready-made chiedesse di non credere proprio a nulla.

I ready-made e le "copie conformi agli originali"

Ora, quanto più importa sottolineare è che i ready-made che sono stati visti lì e là – dal 1936 ad oggi – non sono che "copie conformi agli originali", per usare le stesse parole di Duchamp. Fa eccezione il solo ready-made *With Idden Noise* il cui originale non è mai scomparso, anche se pure di questo ready-made conosciamo delle "copie conformi all'originale".

Che tutti gli altri ready-made celebrati pubblicamente non siano altro che delle repliche dei prototipi scomparsi non è una questione di poco conto. Non per niente Marcel Duchamp aveva anche tenuto a sottolineare che i ready-made mancano di quell'"unicità" attribuita in genere all'arte e che "the Modern Art looks for its Gutenberg" …

Ma è anche il caso di evidenziare che della realizzazione di queste "copie conformi agli originali" non se ne è mai occupato Marcel Duchamp in prima persona, bensì ha sempre delegato ciò ad amici e complici come Man Ray, Francis Picabia, Henri-Pierre Roché, Richard Hamilton, Daniel Spoerri, Ulf Linde, Pontus Hulten, Per Olof Ultvedt e, alla fine, Arturo Schwarz.

Ma il punto è che di replica in replica, nel 1964, alla veneranda età di settantacinque anni, Marcel Duchamp abbia addirittura deciso di far produrre in serie questi leggendari ready-made che fino ad allora aveva fatto replicare al solo fine di farli conoscere e donarli. Ma quell'anno, l'intraprendente gallerista Arturo Schwarz si era dato un gran daffare e aveva riprodotto i ready-made sistematicamente in preziose serie limitate – otto esemplari, cui vanno aggiunte due prove d'artista, autografate e numerate dall'autore – per venderli ai più autorevoli musei d'arte contemporanea su scala internazionale. Nonostante poco prima Marcel Duchamp avesse ancora dichiarato, in un'intervista a Calvin Tomkins per il *New Yorker* – rilasciata proprio nel 1964 – che nel corso della sua vita non aveva mai avuto l'intenzione di vendere i ready-made a cui si era dedicato, al contrario, con l'obiettivo di fuggire alla monetizzazione cui sono invece assoggettate le opere d'arte.

Dunque, quell'anno i ready-made si erano trasformati – da doni o rifiuti che erano – in merci e questa trasformazione aveva avuto il suo battesimo proprio con la loro produzione in serie da parte della Galleria di Arturo Schwarz che allora iniziava a scambiarli con i musei in ambito internazionale,

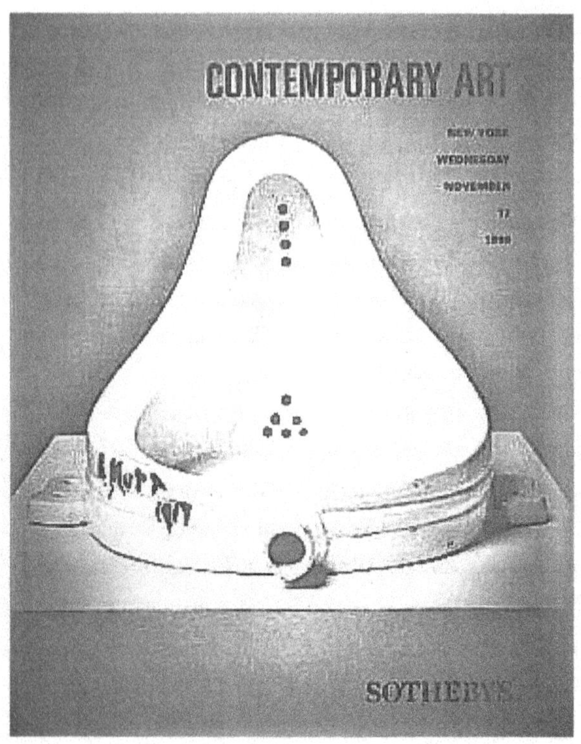

ottenendo in cambio, oltre che l'imperitura gloria nell'alto dei cieli dell'arte – per Duchamp – una bella montagna di denaro, non solo per entrambi.

Dunque, sul finire della sua vita, Marcel Duchamp ha autorizzato questa produzione seriale destinata alla vendita e, autorizzandola, ha fatto sì che anche tutte le precedenti repliche dei prototipi scomparsi vengano da allora valutate in termini monetari e siano scambiate quali merci, anche se, per circa mezzo secolo, non erano mai state considerate alla stregua di valori economici. Non per niente Duchamp aveva anche dichiarato, con la sua abituale e spiazzante noncuranza: "I forced myself to contradict myself to avoid conforming to my

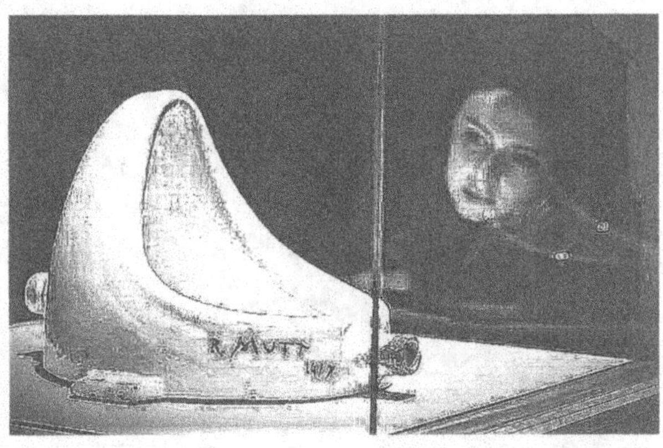

prompt taste". E allora, tutte le repliche realizzate nel corso di una vita, hanno addirittura iniziato a beneficiare di un'abnorme crescita esponenziale del loro valore economico, a livelli inimmaginabili e allucinatori. Basti ricordare che qualche anno fa una delle repliche del ready-made *Porte-bouteilles* è stata battuta all'asta ed è stata aggiudicata all'Art Institute of Chicago per oltre dieci milioni di dollari. E così, alla fine, su impulso dello stesso Duchamp, il mondo dell'arte è riuscito ad attribuire un valore, un "valore aggiunto", a questi ready-made, nonostante la loro insensatezza. Insomma, la merce ha fatto propria anche l'insensatezza del ready-made e, in questo modo, questa insensatezza è stata addirittura estremizzata e ancor più esaltata.

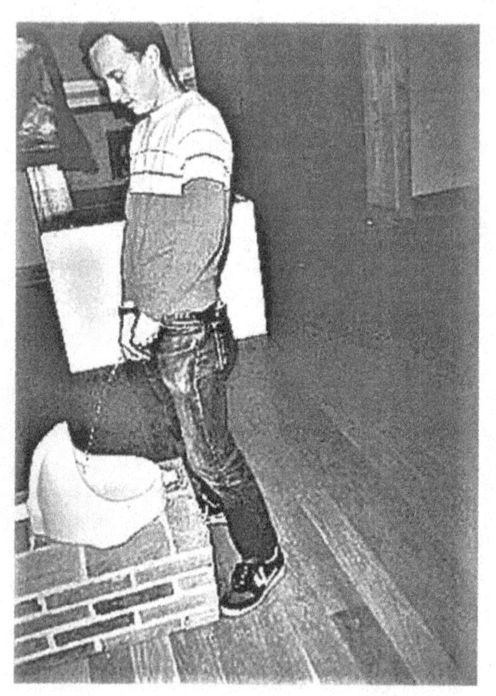

Il ready-made come apostasia e come idolo

Ai suoi esordi *Fountain*, presentato da Marcel Duchamp sotto le mentite spoglie di Robert Mutt, è considerato inammissibile nel circuito dell'arte, ma siamo venuti a saperne qualcosa proprio in ragione di questo rifiuto.

La presentazione di un orinatoio – anche se di nome faceva *Fountain* – in effetti non poteva che essere preso per un gesto di scherno se non come uno scherzo insolente da Arts Incohérents all'ultimo giro, peggio dell'imbarazzante *Coucher de soleil sur l'Adriatique*, la tela presentata al Salon des Indépendants del 1910 da un fantomatico pittore genovese francesizzato, Joachim-Raphael Boronali, proprio per sbeffeggiare il pubblico dell'arte, ignaro dell'identità di questo autore che in realtà era un asino che di nome faceva Lolo. E proprio in quanto asino, Lolo si era ritrovato schierato, suo malgrado, dalla parte di quegli iconoclasti che, da sempre, sono stati considerati delle teste asinine ovvero degli onocefali.

L'umile orinatoio, proposto alla stregua di un'opera d'arte da R. Mutt, a differenza dell'ammirevole tela dipinta con la coda di Lolo, non è ammesso nel recinto sacro dell'arte: *Fountain* è considerato una vera e propria profanazione di qualsiasi idea e definizione si potesse avere allora di un'opera d'arte e non lasciava spazio a equivoci e compromessi.

È inevitabile il sospetto che lo stesso Marcel Duchamp avesse presentato *Fountain* affinché venisse giudicato proprio in questi termini, per essere inquadrato proprio per quello che voleva essere, sia per l'autore che per i suoi spettatori, ovvero come una vera e propria apostasia, da rifiutare e meno che mai da accogliere in seno a un'esposizione che si voleva, ovviamente, conforme ai valori e alle professioni perseguite.

Non per niente, proprio allora, dopo questo rifiuto di *Fountain*, Duchamp dava corso alla sua defezione dal mondo dell'arte conosciuto, abbandonando, senza tentennamenti, la professione di pittore, per sbarcare invece il lunario tramando nell'ombra, in qualità di consulente di collezionisti fra i più facoltosi e raffinati, come Louise e Walter Arensberg, Katherine Dreier, Peggy Guggenheim, per dire, oppure facendo da agente, sul mercato americano, di artisti del calibro del suo amico Constantin Brancusi. In ogni caso, senza sbattersi mai più di tanto, continuando a giocare a scacchi a livelli di prim'ordine, fumando sigari Blackstone e preferendo, ovviamente, "vivere, respirare, piuttosto che lavorare", come aveva dichiarato a Pierre Cabanne nell'intervista rilasciatagli nel 1964, quattro anni prima di morire. Anche perché, a scanso di equivoci, Duchamp ricordava in un'altra intervista ancora, rilasciata nel 1955 a James Johnson Sweeney per la NBC, che era stufo dell'espressione "bête comme un peintre", ma, soprattutto, non ne poteva più della riverenza che l'arte pretendeva. Per di più, lo aveva disgustato che quest'arte fosse vissuta come una sorta di religione – lo aveva affermato a chiare lettere in un'intervista del 1963 a Joan Bakewell, ma quella volta per la BBC. Ovverosia non ne poteva più che quest'arte venisse usata come una droga da sempre più persone, come un sedativo che, oltretutto, provoca dipendenza – anche ciò era giunto a dire, senza tanta giri di parole, in un'intervista rilasciata a Katharine Kuh e pubblicata in *The Artist's Voice* da Harper and Row a New York nel 1962. Mentre, per quanto riguarda i ready-made, poteva permettersi il lusso di farne, in genere, non più di un paio all'anno, avendo un sacco di tempo per fare tutt'altro o semplicemente niente di niente – lo dichiarò in un'altra intervista ancora, concessa nel 1959 a George Heard Hamilton, Richard Hamilton e Charles Mitchell, sempre per la BBC.

Nel frattempo, *Fountain* ha dovuto aspettare ben trentaquattro anni per manifestarsi in pubblico dopo che la sua esposizione era stata rifiutata, e l'ha fatto anche a costo di cambiare il proprio senso e, conseguentemente, il proprio ruolo, come abbiamo avuto modo di vedere.

A conti fatti, se nel 1917 *Fountain* era stato considerato come una profanazione di qualsiasi idea si potesse allora avere sull'arte, nella seconda metà del Novecento, invece, le sue icone sono state consacrate nel recinto sacro dell'arte, rovesciando l'originaria apostasia del ready-made nel suo contrario: *Fountain* è diventato, addirittura, uno degli idoli più adorati e venerati, dando luogo a una storia dell'arte che, a ritroso, ha trovato in questo ready-made il proprio atto inaugurale e, paradossalmente, uno dei capisaldi dell'arte a venire.

Insomma, *Fountain* è diventata una vera e propria icona dell'arte del Novecento. Ma, attenzione: ho detto "icona", mica opera d'arte o capolavoro. E che sia un'icona ovvero un'"immagine cultuale" è quanto più importa. Il ready-made *Fountain*, come le icone che abbiamo conosciuto in ambito religioso, grazie a teologi dell'immagine come Damasceno e Niceforo, è da considerarsi, prima di tutto, per la sua valenza cultuale che ne determina la realtà straordinaria, liturgica e rituale, da cui non può essere separata.

Nell'arco di circa mezzo secolo, grazie alle icone che abbiamo avuto modo di vedere, il culto di *Fountain* è stato istituzionalizzato e il consenso sul valore inaugurale di quest'opera di Marcel Duchamp è divenuto pressoché universale, anche se è tale solo nel piccolo grande mondo dell'arte. Oggigiorno, *Fountain* è visibile al Philadelphia Museum of Art, ma è anche esposto al Moderna Muséet di Stoccolma, alla Tate Modern di Londra, al Centre Pompidou e al Musée Maillol nella sola Parigi, alla Galleria Nazionale d'Arte Moderna di Roma, al San Francisco Museum of Modern Art, all'Indiana University Art Museum di Bloomington, alla National Gallery of Canada, alla Scottish National Gallery of Modern Art, ma anche all'Israel Museum of Art di Gerusalemme. Senza contare che *Fountain* viene dato costantemente in prestito ad altre istituzioni, per essere celebrato in innumerevoli esposizioni temporanee che hanno luogo in tutto il mondo.

Da allora *Fountain*, nonostante sia un orinatoio, è stato sottratto all'uso che potrebbero farne gli uomini, se non fossero solo spettatori, e le sue icone sono esposte a distanza di sicurezza, sorvegliate e monitorate dai sistemi di videosorveglianza che ne marcano la separazione. Ma, come vedremo, dopo che *Fountain* è divenuta un'icona – una "manifestazione del sacro" ovvero una "ierofania", per usare una bella parola coniata da Mircea Iliade – abbiamo anche avuto a che fare con parole e gesti da apostati che ne hanno fatto un bersaglio: *Fountain* è stata profanata più volte, simbolicamente e materialmente, in quanto icona dell'arte e della merce.

Questi atti di profanazione hanno riguardato più di una delle icone di Marcel Duchamp e, fra questi, il caso più eclatante è rappresentato dall'artista Björn Kjelltoft che ha colto l'occasione nel 1999 al Moderna Museet di Stoccolma. Qui, per restituire questo orinatoio al comune uso che siamo abituati a farne, l'artista vi ha urinato dentro, letteralmente. In ogni caso, l'ha fatto quando ormai non era più concesso farlo e questo è il punto – lo ha fatto per farlo tornare a essere quello che era, anziché adorarlo come un oggetto sacro. Non a caso, Björn Kjelltoft, dopo aver urinato in *Fountain* al Moderna Muséet di Stoccolma, ha dichiarato al tabloid svedese *Aftonbladet* che era sua intenzione far tornare questo oggetto, incredibilmente sacro, fra gli oggetti di ogni giorno, usandolo semplicemente come si deve e si fa solitamente. Anche se, alla fine, non c'è "piccola guerra" che tenga e la minzione sacrilega non ha alcun avvenire. Le icone di *Fountain* continuano a esserci e a essere idolatrate. Il sacro è un'invenzione dell'uomo e ogni uomo ha gli idoli che si merita.

I tubetti di colore di Marcel Duchamp

Un tempo i pittori, per poter dipingere, dovevano saper fare i colori. Dovevano mettersi lì, con il pestello in mano, a macinare pigmenti fino a ridurli in polveri finissime. E ci sono pigmenti e pigmenti – non tutti si fanno polverizzare in quattro e quattr'otto. Poi, ogni pigmento finemente polverizzato doveva essere mescolato di continuo con poco olio, in genere di lino ma anche di noce o di papavero, per riuscire a ottenere una pasta morbida di colore da far scorrere agevolmente dalle setole del pennello alla tela. Ogni volta che finivano di preparare un colore, i pittori dovevano anche lavare e pulire gli attrezzi, per poter passare alla preparazione di un altro colore ancora.

I pittori, questi colori li conservavano in budelli di maiale artigianali. Ovviamente, dovevano preparare anche questi budelli, svuotarli, raschiarli, lavarli, sgrassarli, per poterli finalmente riempire, uno a uno, di volta in volta, di un solo colore.

A un certo punto, i pittori hanno potuto perdere la conoscenza di questo saper fare e per continuare a dipingere hanno iniziato ad acquistare i tubetti di colore prodotti industrialmente. E quest'industria ha separato, per sempre, i pittori dalla fabbricazione di quei colori che prima dovevano saper fare con le proprie mani, per poter dipingere.

I pittori che si facevano i colori erano interessati, prima di tutto, all'uso che ne potevano fare, per il quale loro stessi li avevano fatti. L'industria che produce i tubetti di colore, invece, è interessata prima di tutto a vendere questi colori, appunto in tubetti.

A questo punto non è più possibile guardare ai colori solo perché vengono usati, ma è altrettanto necessario considerarli per quello che sono diventati, ovvero delle merci da convertire in denaro ancor prima di essere usate.

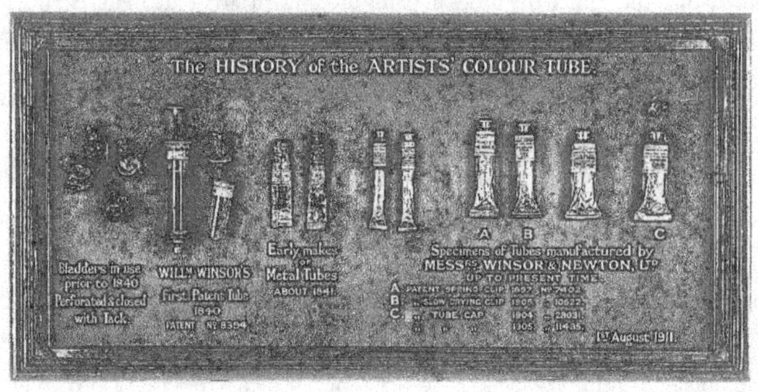

Insomma, a partire dalla seconda metà dell'Ottocento, i colori, ancor prima che essere dei materiali da usare, sono diventati delle merci da far circolare e scambiare sul mercato e i pittori, da produttori di colori che erano, ne sono diventati dei consumatori.

È interessante notare che su questi tubetti di colore, che segnano una svolta epocale – su questi "Artist's Colour Tube", per dirla con le parole di due pionieri dell'industria dei tubetti di colore come Winsor e Newton – si è soffermata anche l'attenzione di Marcel Duchamp, allorquando gli venne chiesto di dire che cos'è un "ready-made".

Duchamp, nel corso del simposio organizzato al MoMa di New York nel 1961 e che abbiamo già avuto modo di incrociare per altre faccende, per arrivare ai tubetti di colore, raccontò, ancor prima, che solo nel 1915, a distanza di due anni da quando aveva assemblato uno sgabello e una ruota di bicicletta, ovvero *Bicycle Wheel*, decise di usare questa parola, "ready-made" che – aggiungiamo noi – era entrata in uso nel linguaggio corrente in America solo all'inizio del Novecento, proprio per indicare generalmente tutti i prodotti industriali standardizzati, appunto "ready-made-products".

La cosa qui più importante, è che in quell'occasione Marcel Duchamp giunse a dire che "Since the tubes of paint used by the artist are manufactured and ready-made products we must conclude that all the paintings in the world are 'ready-mades-aided' and also works of assemblage".

Insomma, per dare una definizione del "ready-made" Marcel Duchamp, con grande sorpresa dei presenti, arrivò ad affermare che da quando sono stati inventati i tubetti di colori – che definì "ready-made-products" – anche i dipinti sono diventati dei "ready-made-aided" ovvero degli assemblaggi di prodotti e che, in quanto tali, questi dipinti sono da considerarsi equivalenti a un "ready-made-aided" come *Roue de bicyclette*, che non è altro che l'assemblaggio di uno sgabello e di una ruota di bicicletta che, a loro volta, sono singolarmente dei prodotti-pronti ovvero "ready-made-products".

Anche in questa occasione, Marcel Duchamp era riuscito a ribadire la sua proverbiale indifferenza a una qualunque scala di valori a cui era assolutamente disinteressato: che fossero tubetti di colore – ovvero "ready-made-products" – o dipinti – assemblaggi di colori ovvero "ready-made-aided" – oppure assemblaggi di altri prodotti pronti, per Marcel Duchamp non faceva alcuna differenza. Quanto importava a Marcel Duchamp è che i tubetti di colore, i dipinti e gli assemblaggi di oggetti fossero equivalenti, in quanto erano e sono, prima di tutto, "ready-made-products" o "ready-made-aided" – prodotti per essere venduti. Insomma, tutti questi ready-made "products" o "aided" che siano, non esisterebbero se non fossero delle merci in un mondo che già allora era destinato a diventare, tutto quanto, interamente, un grande "ready-made-aided".

Il *Pegaso e la Vittoria Fascista* di Arturo Martini
e il *Pegaso e la Vittoria*

È una scultura pubblica, una scultura detenuta dallo Stato, e lo Stato è un collante che fa sua la scultura per rivolgersi al popolo della nazione, in cui intende infondere l'orgoglio della propria identità. Lo Stato ricorre ai miti fondativi dell'antica Roma e la scultura si rende interprete della narrazione mitologica di questi archetipi.

Il mito è incarnato nel corpo della scultura che è usata per accogliere il "corpo della nazione" che si vuol far identificare con le sue origini, fondate arbitrariamente nel mito: quello che si vuole modellare, più che una scultura in un unico blocco di pietra, è il popolo, un grande blocco sociale. Questo è il fine ultimo, per cui lo Stato incarica i suoi figli di maggior talento, facendone i servitori di punta, i migliori.

Per la Dottrina Fascista, lo Stato è un "Corpo mistico" e tutti i cittadini sono uniti in questo unico corpo, questo Stato, di cui sono le membra. Anche se il capo di questo "Corpo mistico" è il Duce anziché Cristo. Questa è la dottrina religiosa dello Stato fascista e per questa dottrina non è concepibile un cittadino che non sia fedele, pedissequamente, allo Stato fascista.

Un grande scultore come Arturo Martini piega se stesso – e la scultura di cui è uno degli artefici più significativi nella prima metà del Novecento – al volere dello Stato fascista e, così facendo, fa incetta di commissioni pubbliche di primo piano in tutta l'Italia dell'epoca.

Quando nel 1932 Martini viene incaricato di realizzare il *Pegaso e la Vittoria fascista*, l'altorilievo per la facciata del Palazzo delle Poste di Savona, decide di scolpirlo in un blocco di quella bella pietra calcarea del Finale di color grigio rosato, in cui sono incastonati anche fossili e denti di pesce. Usa questa pietra piuttosto difficile, dura per non dire ardua, che è piuttosto nota e usata dalle nostre parti come materiale da costruzione. La cosa più importante è che scolpisce un gruppo scultoreo composto da tre elementi. Uno è Pegaso, lo si vede di profilo, è il mito del cavallo alato, simbolo di una potenza vitale che si eleva indomabile, incurante di qualsiasi ostacolo terreno, come recitano i racconti mitologici. Poi, in primo piano, si erge una nuda figura femminile che tiene il braccio destro alzato, nel tipico saluto romano fatto proprio dallo

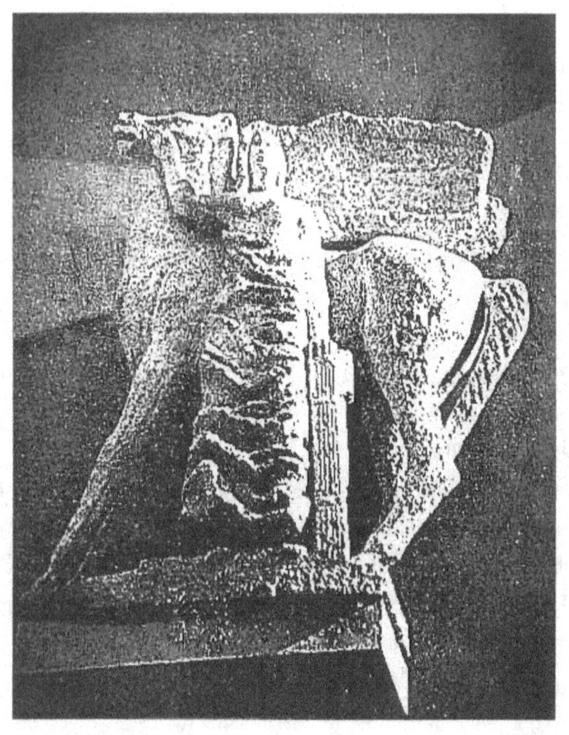

Stato fascista nei rituali quotidiani – è il mito di Vittoria, la dea che protegge l'esercito ed esalta il sacrificio della "bella morte" dei caduti per la Patria. Ma è il terzo elemento che più ci interessa, il fascio littorio che la Vittoria tiene con l'altra mano vicino a sé – quel fascio di verghe di betulla legate assieme da nastri, al quale era infissa anche un'ascia di bronzo – quale simbolo del potere di vita e di morte sui condannati dello Stato sovrano, la Roma imperiale prima e lo Stato fascista poi.

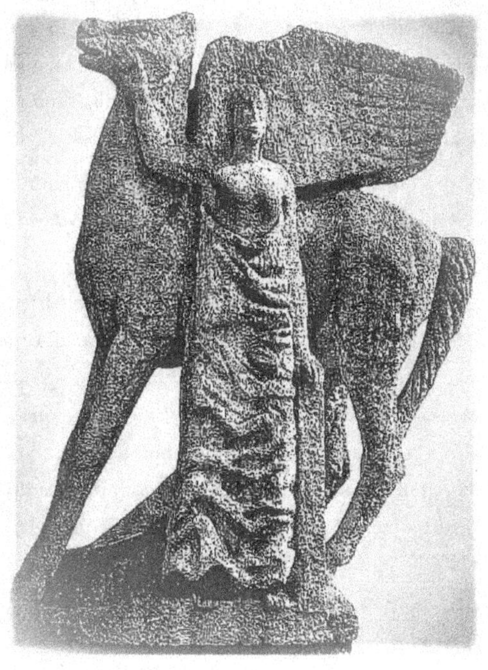

Questo è quanto si è visto per poco più di una dozzina d'anni. Poi, una parte significativa della scultura è stata devastata, ma non sono state le intemperie del tempo a compiere lo scempio, bensì la Storia, vale a dire i vincitori che hanno iniziato a scriverla, la Storia, durante la Liberazione, facendo saltare in aria, un po' ovunque, le icone in marmo, pietra e bronzo della "Nuova Era" giunta al suo capolinea.

Le icone di un credo che voleva forgiare cittadini assolutamente credenti e obbedienti, sono prese a picconate e si sfracellano una dopo l'altra al suolo, ma in alcuni celebri casi vengono pure devastate dai colpi delle armi da fuoco.

Per quanto riguarda il *Pegaso e la Vittoria Fascista*, il suo fascio littorio, in particolare, è stato ridotto con qualche colpo di picchetto assestato con maestria, a una sorta di solido muto e insignificante. Insomma, quella che era stata un'icona sacra dello Stato fascista è stata trasformata, in punta di piedi, in un'icona della sua profanazione, con encomiabile garbo.

In quei giorni, per finire in bellezza, a questo altorilievo hanno cambiato anche il titolo e, da allora, quello che era il *Pegaso e la Vittoria Fascista*, è diventato noto a tutti, semplicemente, come il *Pegaso e la Vittoria*.

Anche i vincitori sullo Stato fascista recuperano quella Damnatio memoriae che, nell'antica Roma, comportava la distruzione di tutte le opere e i simboli del potere sconfitto e deposto. Ma allora, dalle nostre parti, come abbiamo visto, è stato considerato sufficiente far venire meno una sola parola e intervenire su una sola parte della composizione scultorea, sul suo solo senso evidente, la rappresentazione del fascio littorio, preservando al nostro sguardo, tali e quali come li aveva scolpiti lo stesso Arturo Martini, sia il cavallo alato, sia la bella figura femminile che ora ci saluta candidamente.

Dunque, una buona parte del tutto è stata conservata, ma così facendo si è fatta venire al mondo una nuova opera, come se niente fosse accaduto. I più non se ne sono mai accorti. I più, non lo hanno mai saputo. I colpi di picchetto sono stati inferti in assenza di scalpore e senza troppo rumore e clamore. La differenza fra l'una e l'altra opera risulta essere assai lieve. Comunque, che si veda o meno, la scultura di Martini è stata oggetto di un "détournement" commesso da alcuni partigiani senza nome che, a conti fatti, sono gli "autori" di quest'opera, così come la vediamo oggi – anche se non sono mai stati riconosciuti tali. Ma alla fine, quanto più importa è che in questa pietra di Finale sono segnate le ideologie che, di stagione in stagione, si sono date il cambio – dal Fascismo alla Liberazione dal Fascismo. Insomma, questa scultura è un vero e proprio palinsesto in cui si è sedimentata la storia delle ideologie, con le sue fratture e giravolte, appunto da capogiro, al di là di quello che può contare l'"autore", anche se, ancora oggi, quest'opera è attribuita, inverosimilmente, ad Arturo Martini.

Dal mezzadro al *Mezzadro* dei fratelli Castiglioni

Più che un gabinetto è una buca, murata alla meno peggio, a ridosso della casa. Si chiama latrina e si usa di giorno. Di notte, in casa, si ricorre al vasino che viene svuotato la mattina dopo, in questa latrina.

La stalla con i buoi, le vacche e i vitelli, la stanza dove si prepara il fieno per le bestie e la cantina con le botti di vino e gli orci per l'olio, sono al pianoterra della casa.

La cucina a cui si accede dall'esterno per una rampa di scale, le stanze da letto, la dispensa degli insaccati di maiale e il deposito di farina, sono al piano di sopra.

Nell'ampio sottotetto è stato ricavato il grande spazio dove si conserva il grano da macinare.

In casa non c'è né l'acqua né la luce.

Il piccolo magazzino degli attrezzi, a ridosso del forno per cuocere il pane sotto un pergolato, è una via di mezzo obbligata dalla casa all'esterno e viceversa. Poi, al suo fianco, c'è il castro dei maiali e il pollaio con le galline e i tacchini, la carne e le uova per la famiglia.

Vicino al pollaio, la concimaia è sempre ricolma degli scarti delle stalle e del bottino della latrina, mentre la grossa buca, scavata nella terra e che le sta a ridosso, è strapiena dell'acqua piovana per le bestie della stalla.

L'orto è coltivato a cavoli, cipolle e pomodori.

La sorgente da cui ci si rifornisce per avere dell'acqua buona da bere è a lato della casa. Di fronte, si estende l'ampia aia per la trebbiatura e la battitura del fieno e, ai suoi bordi, il grande spazio coperto dai grandi teloni, dove si deposita la paglia.

Tutt'intorno alla casa, i campi coltivati a grano sono divisi da filari di viti, alberi da frutto, ulivi e i canali di scolo delle acque che ne segnano i confini.

Il bosco circonda i campi, ed è un ricco serbatoio di legname, selvaggina, funghi, ghiande e castagne, sia per il mezzadro e la famiglia che per le bestie del podere.

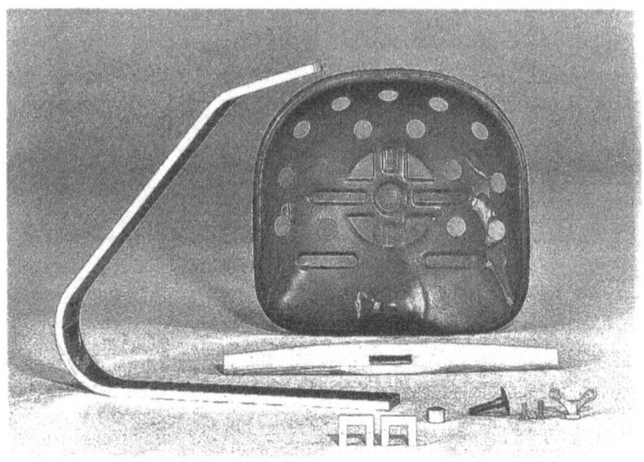

Per giornate intere, il mezzadro si spacca la schiena sul carro, a tirare i buoi con il giogo fra le mani.

Il ciclo completo della produzione del grano dura un anno. Il mezzadro deve concimare, coltrare, seminare, mietere, trebbiare. Passa un anno e allora il mezzadro deve di nuovo concimare, coltrare, seminare, mietere, trebbiare.

Questo è il mondo del mezzadro e non esiste un mezzadro se non in relazione con questo mondo e al signore che detiene tutto ciò: non esistono un mezzadro e il suo mondo se non all'interno di questa relazione con il suo signore che ha origine nel medioevo, anche se in Italia si è spinta fino alla metà degli anni Sessanta del secolo scorso.

La figura del mezzadro richiama, oltre alla quotidianità scandita dal duro lavoro di tutta una famiglia fino ai figli più piccoli, la storia di questa relazione fra il mezzadro e il signore, che è sempre stata regolamentata dai contratti agricoli di mezzadria. Pensa un po', regolamentata.

Ancora uno degli ultimi contratti di mezzadria in vigore, nella prima metà degli anni Sessanta, stabiliva che il mezzadro e la sua famiglia dovessero coltivare il podere, dividendo poi i prodotti e gli utili della coltivazione a metà con colui che, ancora allora, faceva la parte dell'atavico signore feudale.

Per ovvie ragioni dettate dal contratto stipulato con questo signore, il principale obiettivo del mezzadro era quello di ottenere un buon raccolto di

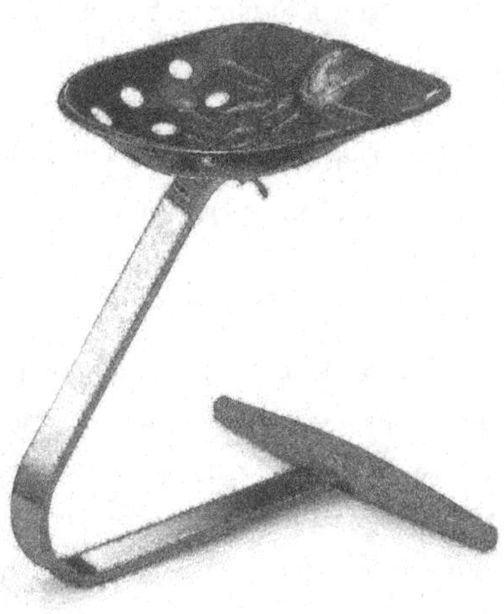

grano, affinché la sua famiglia non facesse la fame – l'obiettivo da fame era questo.

Quando nasce il *Mezzadro*, che non è più un mezzadro ma un "assemblages d'objets" che dà forma a uno sgabello – progettato da Achille e Pier Giacomo Castiglioni – dovranno passare ancora sette anni per ottenere il superamento del latifondo, la cessione del podere al mezzadro, l'abolizione di tutti gli obblighi e prestazioni di lavoro gratuite, la sospensione di ogni regalia e onoranza che il mezzadro contraeva come degli obblighi nei confronti del suo signore – solo nel 1964 l'ultimo contratto di mezzadria verrà abolito.

Per ottenere un *Mezzadro* i fratelli Castiglioni presero il sedile di un trattore per arare i campi, progettato da chissà chi qualche decennio prima, così come presero quella stessa balestra che sul trattore serve a ridurre al minimo le oscillazioni del sedile sui terreni sconnessi, anche quando si va a trebbiare. Fissarono il sedile a questa balestra flessibile in acciaio cromato con un dado ad alette, un "galletto" che si stringe e serra rigirandolo semplicemente fra le dita. Inoltre, invertirono l'orientamento della balestra che ora sospende in aria il sedile, privo di mezzadro e trattore. Per finire e tenere tutte le parti insieme, stabilmente in piedi, fissarono alla base della balestra quel giogo in legno che si applicava alla parte anteriore del corpo dei buoi da tiro, per favorirne la sottomissione al mezzadro.

Il *Mezzadro*, prossimo ai "ready made assistée" della prima ora dada, pur derivando da ciò si era fatto assorbire da ben altri fini e si era messo al servizio di tutt'altro. Per dirla con i fratelli Castiglioni: "Sul *Mezzadro* ci si siede. I glutei trovano un perfetto alveolo; la flessibilità della balestra dona al corpo una ondulazione di tipo neurotonico. Il *Mezzadro* può essere ambientato ovunque: in un prato, nel deserto, in un cortile, su un terrazzo, in un soggiorno, presso un tavolo, in una sala d'attesa, in un bar, in un night, in un club."

Insomma, i designer che progettano gli oggetti di tutti i giorni, alla fine, è come se allora avessero fatto quanto aveva chiesto John Cage, a tutti quanti, a quei tempi: Marcel Duchamp lo avevano tirato fuori dalla valigia dentro cui era stato messo, ma così avevano ridato le cose sante ai cani e gettato le perle ai porci – avrebbe aggiunto il Signore.

A questo punto il nuovo *Mezzadro* era nato, anche se verrà messo in produzione solo nel 1969, da un'azienda leader del "Made in Italy" e del novecentesco capitalismo familiare italiano ovvero da Zanotta.

Proprio quando le campagne si erano ormai svuotate e i mezzadri si erano trasferiti, da tempo e a frotte, nelle città, per affrontare il nuovo lavoro in fabbrica, il *Mezzadro* veniva assemblato da chi il mezzadro lo aveva fatto. Insomma, questo sgabello è in qualche modo dedicato a un mondo che allora era già pressoché scomparso e alla nascita di un mondo nuovo, non solo per il mezzadro ma anche per il *Mezzadro*.

Questo mezzadro un tempo seduto sul trattore, si è era ritrovato da un anno all'altro in piedi in fabbrica, squattrinato e incazzoso, ad assemblare un *Mezzadro* su cui continuare a far sedere sempre qualcun altro.

Il *Mezzadro* nasceva così, anche grazie a tutti questi mezzadri, capocci, bifolchi e morti di fame, che erano fuggiti alla miseria delle campagne ed avevano raggiunto la città per sopravvivere e far funzionare la grande fabbrica.

Quello che era un mezzadro, si era trasformato in un operaio senza mestiere che, in un battibaleno, era stato addestrato a svolgere un lavoro suddiviso in parti insignificanti e gesti esecutivi assolutamente elementari, che non richiedevano alcuna qualificazione. Anzi, il mezzadro di un tempo doveva soltanto continuare a ripetere cocciutamente gesti sempre più semplici, in un tempo di lavoro prestabilito, con quella rapidità dettata e imposta da un'organizzazione del lavoro che non gli chiedeva più neanche di saper fare e, tantomeno, di pensare.

Il mezzadro in questo *Mezzadro* rivela anche se stesso – il suo essere diventato un *Mezzadro*.

L'Internazionale Situazionista
e lo *Sposalizio della Vergine di Raffaello*

"Détournement" è una parola che trova spazio in consueti modi di dire. Tre sono gli esempi più ricorrenti di cui riferiscono i dizionari: "détournement d'avion", "dirottamento, d'aerei", "détournement de fonds", "appropriazione indebita", "détournement de mineur", "sottrazione di minori".

Insomma, l'uso della parola "détournement" delinea, nelle sue differenti linee di fuga, degli scenari che sono sempre criminali, ma quanto più ci interessa è che questa parola, "détournement", sia una della parole chiave della teoria e dell'azione dell'Internazionale Situazionista. Anche se, quando Guy-Ernest Debord e Gil J. Wolman, nel 1956, scrivono a quattro mani il "Mode d'emploi du détournement" – che pubblicano sulla rivista belga *Les Lèvres Nues* dell'amico Marcel Mariën – l'Internazionale Situazionista non era ancora venuta al mondo e, forse, non era stata neppure pensata.

In ogni caso, già allora, in questo scritto inaugurale, il duo è ben consapevole di non avere da inventare niente e che "... nel suo insieme, l'eredità letteraria e artistica dell'umanità deve essere utilizzata a fini di propaganda di parte. Si tratta, beninteso, di passar oltre ogni idea di scandalo. Poiché la negazione della concezione borghese dell'arte e del genio ha fatto da un pezzo il suo tempo, i baffi della Gioconda non hanno nulla di più interessante della versione primigenia di questo dipinto."

Negli anni a venire, sul n. 1 del giugno 1958 del *Bollettino centrale* edito dalle Sezioni dell'Internazionale Situazionista compare, con il titolo "Definizioni", un elenco di parole-chiave fra cui, ovviamente, non manca la parola "détournement" di cui viene ribadito il senso, in questi termini:

"... il détournement all'interno delle antiche sfere culturali è un metodo di propaganda, che testimonia l'usura e la perdita d'importanza di queste sfere".

Un anno e mezzo dopo, sempre sullo stesso *Bollettino* dell'I.S., nel n. 3 del dicembre del 1959, in un testo non firmato e dunque condiviso, i situazionisti scrivono che "le due leggi fondamentali del détournement sono la perdita d'importanza (che giunge fino alla dispersione del suo significato primo) di ogni elemento détourné e, allo stesso tempo, l'organizzazione di un altro insieme significante, che conferisce ad ogni elemento la sua nuova portata."

Pertanto, volendo dar corpo e forma a una guerra, l'I.S. mette a fuoco il détournement come una fondamentale procedura strategica della sovversione e della distruzione della società esistente. In ogni caso, il détournement è inquadrato dall'Internazionale Situazionista quale strumento dell'arte della guerra in un mondo in cui la guerra, ormai, si fa con i segni che vengono usati per fare la guerra agli stessi segni.

I militanti dell'Internazionale Situazionista i segni li rovesciano nel loro contrario, li stravolgono, li sfregiano, li fanno saltare in aria, li annientano – i segni li "svalutano". Opere d'arte, immagini religiose e pubblicitarie, pellicole hollywoodiane e sovietiche, telegiornali, documentari, scritti filosofici o fumetti, ma anche minuscoli soldatini di piombo o fotoromanzi, fra attentati, piccoli ma violenti attacchi, incursioni e sabotaggi, vengono prese a pugnalate ed esaltate perciò.

A questo punto è il caso di fare un esempio, eclatante.

Il 28 giugno 1958, Nunzio Van Guglielmi, martello e punteruolo in mano, entra nella Pinacoteca di Brera a Milano e si dirige verso la saletta progettata qualche anno prima da Piero Portaluppi per lo *Sposalizio della Vergine* di Raffaello.

Quest'uomo vuole distruggere il dipinto che è conservato in questa saletta che sembra una cappella. Riesce anche a farlo, mandando prima di tutto in frantumi la teca di vetro che protegge il dipinto, a suon di martellate. Poi, infilzando il dipinto con il punteruolo dalla punta ben affilata, più volte e velocemente, premendo con forza, aiutandosi anche con il martello per fare più danni ancora.

Alla fine, tre lunghe spaccature trasversali, distacchi, abrasioni e lacune segnano la pittura su tavola.

I danni maggiori si notano sul gomito e sul busto della Vergine e sulla scalinata del tempio. Anche la tavola di legno è stata scalfita dai colpi di punteruolo andati più a fondo. Il danno è fatto e chi l'ha commesso voleva compierlo per davvero. Non per niente, nella teca di vetro andata distrutta quest'uomo è anche riuscito ad affiggere, proprio sulla tavola di Raffaello, una dichiarazione scritta a mano su un foglietto: "W la rivoluzione italiana. Via il governo clericale".

Le leggende metropolitane, da allora, vogliono che l'autore del gesto abbia fatto anche altre dichiarazioni. Le vedremo. È comunque certo che il giorno dopo, lunedì 16 giugno 1958, sui Quotidiani è messa a fuoco la sua figura.

Sulle prime pagine del *Corriere d'Informazione* e di *Stampa Sera* si scrive di un pazzoide, un vandalo, un miserabile, un fallito, di nome Nunzio Guglielmi, in arte Van Guglielmi, nato a Messina nel 1924. Già studente dell'Accademia di Belle Arti di Brera, già ricoverato in una casa di rieducazione di Messina e in una clinica psichiatrica di Roma, era un cliente del mitico Albergo Popolare di Milano ma il giorno prima di agire in Pinacoteca, elegantemente vestito, aveva preso alloggio in un lussuoso albergo del centro.

Di fronte allo *Sposalizio* infranto, poco prima di essere internato in un Ospedale Psichiatrico Giudiziario, aveva dichiarato alla polizia di essere un "pittore anacronistico".

Il gesto di Nunzio Van Guglielmi fa clamore e arriva perfino sulle pagine dei settimanali più popolari. *La Domenica del Corriere* del 26 giugno in quarta di copertina offre una bella illustrazione di Walter Molino dedicata alla scena del delitto, con Nunzio Van Guglielmi in abito e cravatta, spolvero, occhiali, pipa in bocca e punteruolo e martello in mano, mentre è bloccato da un custode della Pinacoteca quando ormai la teca di vetro era andata distrutta, il dipinto era stato squarciato e la rivendicazione di Van Guglielmi «W la rivoluzione italiana. Via il governo clericale» era stata affissa alla tavola di Raffaello.

La scena illustrata appare completa. Va però sottolineata la didascalia che accompagna l'illustrazione: "Un pazzoide che si definiva pittore anacronistico...". Possiamo fermarci qui, su queste parole che confermano quanto si era già letto sul *Corriere d'Informazione* e su *Stampa Sera*. Un delirio.

Le parole sono fatte ballare, facendo loro assumere un significato contrario a quello cristallizzato nell'uso, rovesciandone il senso consolidato: "pittore anacronistico". Da non credere.

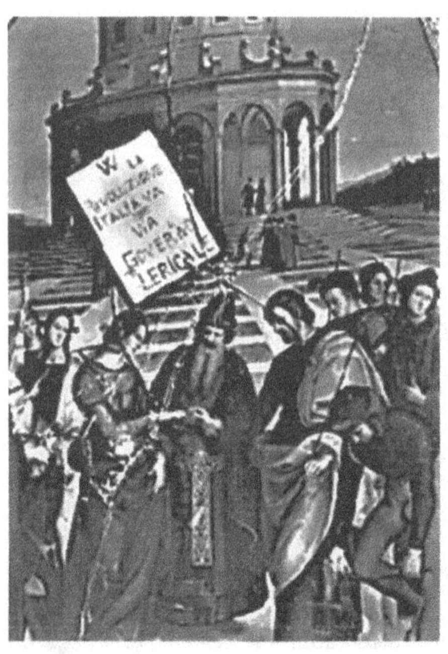

Se la pittura in più casi è stata considerata "anacronistica" è perché gli artisti hanno idealizzato la propria identità culturale, riverito tecniche pittoriche e scultoree classiche, esaltati da suggestioni letterarie, storiche e archeologiche, infatuati da miti, divinità, eroi tragici, veneri, androgini e figure alate. E, dunque, i discepoli fedeli dell'iconografia classica, al contrario del "pittore anacronistico" Van Guglielmi, mai avrebbero violato lo *Sposalizio della Vergine*. Altro che martelli e punteruoli con cui scalfire tavole dipinte da Maestri venerati. "Pittura anacronistica" è roba da Pictor Optimus, Novecento, Margherita Sarfatti, salotti vari. Roba da pittori anacronistici che, volutamente e appunto, vanno a rifugiarsi in una pittura che adorano proprio perché lontana dalla contemporaneità.

Dunque, se anche c'era la sola ombra di un dubbio, a questo punto dovrebbe risultare invece chiaro che la dichiarazione di Nunzio Van Guglielmi, "Sono un pittore anacronistico", sia una contraddizione in termini insensata, la dichiarazione folle di una persona disturbata.

Ciononostante, circa tre settimane dopo il misfatto e la dichiarazione del suo autore, il 4 luglio 1958, viene diffuso in Italia, con altri e più modesti mezzi,

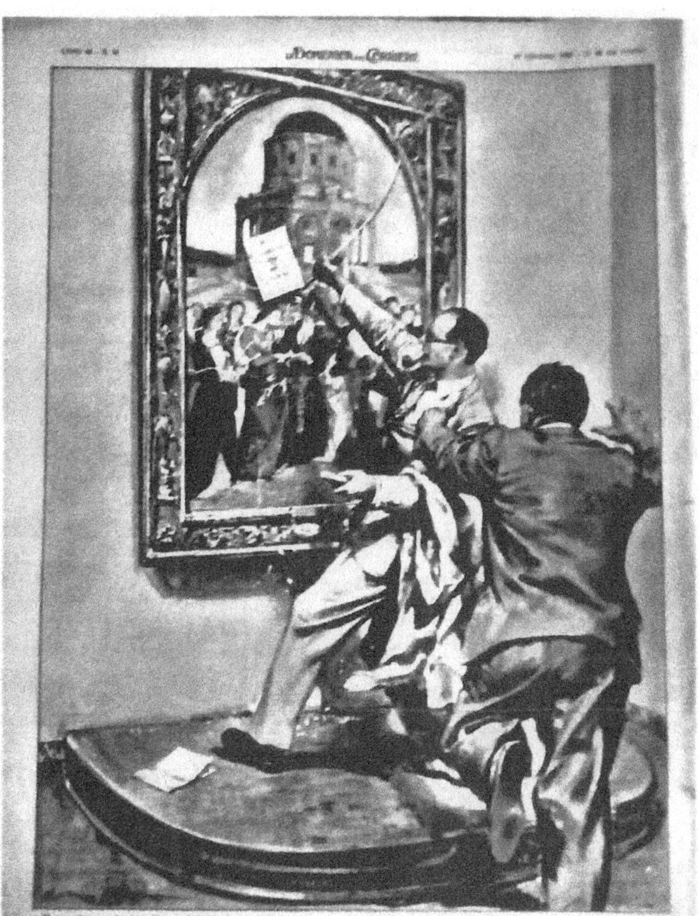

un volantino firmato dalla Sezione Italiana dell'Internazionale Situazionista. Un vero e proprio manifesto a sostegno del gesto di Van Guglielmi.

La Sezione Italiana dell'Internazionale Situazionista, costituita appena l'anno prima a Cosio d'Arroscia, era composta da poco più di quattro gatti – quattro italiani e un pittore danese che viveva in Italia sulle alture di Albisola. Li si conosce tutti quanti per nome: Pinot Gallizio, Walter Olmo, Piero Simondo, Elena Verrone e Asger Jorn.

Il testo, scritto in un italiano incerto, non può che essere stato redatto dal pittore danese. Anche se sul volantino è come se ci fosse anche la firma di Pinot Gallizio, poiché vi è riportato nome e domicilio del luogo di stampa, "Laboratorio Sperimentale della S.I. I.S., via 20 Settembre 2, Alba".

Il contenuto del manifesto della Sezione Italiana dell'Internazionale Situazionista è a sua volta altrettanto inequivocabile.

Siamo in un'Italia preconciliare, nella seconda metà degli anni Cinquanta, in un'Italia divisa fra guelfi e ghibellini. L'anticlericalismo diviene il perfetto contraltare dell'immenso potere di persuasione della Chiesa di quegli anni e per l'I.S. è come se Van Guglielmi avesse addirittura preso due piccioni con una fava: è un gesto ostile sia nei confronti della Chiesa che dei Musei – è un gesto che colpisce, in un colpo solo, sia un'immagine religiosa che un'opera d'arte.

A questo punto, Asger Jorn e l'Internazionale Situazionista considerano l'internamento di Van Guglielmi in un Ospedale Psichiatrico il vero crimine che è stato commesso e, pertanto, arrivano a diffidare le autorità di considerare il suo gesto come una prova sufficiente della sua follia.

Così, i membri dell'I.S., sedotti ed eccitati dallo scellerato gesto di un esaltato come Nunzio Van Guglielmi, ne prendono le difese, approvano quanto ha fatto e lo affermano spudoratamente.

Forse, Asger Jorn sogna la Comune e la distruzione dello *Sposalizio della Vergine* gli sembra il seguito ideale dell'abbattimento della *Colonna Vendôme* auspicata e suggerita allora da un grande pittore come Gustave Courbet. In ogni caso, il volantino dell'I.S. sintetizza a meraviglia il disprezzo e l'intolleranza nei confronti dell'arte e delle sue istituzioni borghesi che avevamo già conosciuto proprio ai tempi della Comune, grazie a Proudhon che considerava gli artisti degli "ausiliari della corruzione".

Ma a ripensarci, in quei giorni forse Asger Jorn è più facile che avesse pensato allo *Scandalo di Notre-Dame* fatto scoppiare da alcuni giovani lettristi durante la domenica di Pasqua del 9 aprile 1950. Allora, Michel Mourre, con Serge Berna e un paio di altri amici, era entrato nella Cattedrale di Parigi e qui con il suo saio da frate domenicano – il convento lo aveva da poco abbandonato, ma così non aveva fatto con la sua divisa – era salito all'altare e aveva annunciato la morte di Dio. L'annuncio aveva fatto clamore non solo in Francia e Michel Mourre, non avendo le prove di quanto aveva proclamato, era stato internato in manicomio.

Con il gesto di Van Guglielmi nella Pinacoteca di Brera a Milano, secondo Jorn e i suoi accoliti, si era fatto un gran bel passo in avanti sulla via della Rivoluzione e dai blasfemi e deliranti annunci proclamati dall'altare della Cattedrale di Parigi, si era passati ai fatti, arrecando veri e propri danni, non solo simbolici ma anche materiali, di tutt'altra portata.

Volendo rovesciare il mondo, facendo saltare in aria i rapporti sociali esistenti oltre che le manifestazioni materiali che li segnano, l'Internazionale Situazionista ha pensato bene di sostenere e condividere il misfatto compiuto da Van Guglielmi, facendo uso del détournement da loro teorizzato e praticato.

Il volantino di questi quattro gatti esprime il lucido delirio dell'Internazionale Situazionista che si esalta per il gesto di Van Guglielmi, arrivando a dichiarare il proprio sostegno in suo favore. Ovverosia, la Sezione Italiana si appropria del gesto di Guglielmi inquadrandolo come un gesto situazionista esemplare, quale segno inaugurale di un'epoca che si vuole rivoluzionaria.

L'idea dell'arte di Asger Jorn e dei suoi amici presuppone la percezione della realtà e dei rapporti di forza fra le parti in campo come uno "stato di guerra" e, conseguentemente, il gesto di Van Guglielmi è incorniciato nel programma radicale dell'Internazionale Situazionista che vuole distruggere i valori dominanti per colpire a morte la società esistente. Insomma, per l'Internazionale Situazionista, quelle che sono le espressioni culturali dell'ideologia dominante vanno prese in ostaggio o addirittura distrutte. Non ci sono mezzi termini.

Fin dai suoi esordi, l'Internazionale Situazionista considera ogni atto artistico uno strumento politico e così appare, tanto più, l'atto vandalico contro l'arte del passato. Ovvero, l'atto vandalico è inquadrato come una

DIFENDETE

LA LIBERTA

OVUNQUE

Noi situazionisti protestiamo contro l'internamento ipocrita in un manicomio di Nunzio Van Guglielmi, perchè in giugno a Milano è arrivato a scalfire leggermente un mediocre quadro di Rafaello.

Noi constastiamo chè il contenuto del manifestino posto da Guglielmi sul quadro di Rafaello : « W la rivoluzione italiana ! Via il governo clericale ! », esprime il voto di un grande numero di italiani col quale siamo.

Vogliamo quindi attirare l'attenzione sul fatto che esso sarà un crimine contro la vera scienza psichiatrica di interpretare, col' aiuto della polizia psichiatrica, un gesto ostile alla chiesa ed al defunto valore culturale dei Musei, come una prova sufficiente di follia.

Sottolineiamo il pericolo che presenta una tale precedenza per tutti gli uomini liberi e per tutto il futuro sviluppo culturale ed artistico.

La libertà consiste sopratutto nel distruggere i falsi idoli.

Il nostro appello è per tutti gli artisti e gli intelletuali d'Italia affinchè agiscano immediatamente per la liberazione di Nunzio Van Guglielmi dalla sua condamne a vita. Van Guglielmi può essere condamnato soltanto dalla legge che prevede l'alienazione dei pubblici beni.

4 luglio 1958.

LA SEZIONE ITALIANA DELL' INTERNAZIONALE SITUAZIONISTA.

Stampato nel Laboratorio Sperimentale della S.I.I.S., 2, via 20-Settembre, ALBA.

prosecuzione della politica e dell'arte con gli strumenti più opportuni nel teatro di guerra in cui si sta recitando. Poi, in guerra non c'è benevolenza che ne possa far parte, ci ricorda il Generale Karl von Clausewitz e, in certe condizioni, diventa anche opportuno distruggere una tavola di Raffaello in ragione dei propri fini.

Dunque, a questo fine l'I.S. recupera tutte quelle azioni che possano tornare utili per raggiungere gli obiettivi che si è data e anche il gesto di Van Guglielmi

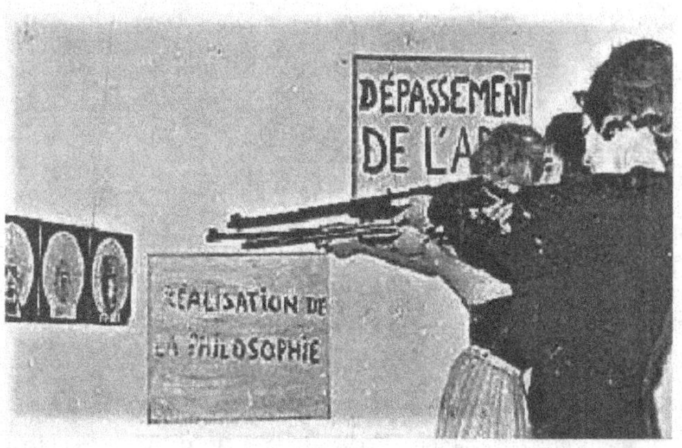

funziona a meraviglia quale esempio di critica radicale nei confronti dei valori della società esistente. Anche perché l'I.S. vuole far tabula rasa di ogni segno che sia espressione del nemico e, se è il caso, è persino disposta a formare una sorta di Armata Brancaleone arruolando disperati come Van Guglielmi che, a differenza degli artisti di professione, recluta volentieri per le proprie strategie e scopi.

Non a caso, ancora nel 1963, in occasione dell'esposizione "Destruktion af RSG-6" organizzata da Jeppesen Victor Martin con la collaborazione di Michèle Bernstein, Guy Debord e Jan Strijbosch alla Galerie Exi di Odense in Danimarca, anche Debord giunge, coerentemente, a legittimare simili gesti e in "Les Situationnistes et les nouvelles formes d'action dans la politique ou l'art", pubblicato nell'opuscolo che accompagna l'evento, esalta sia le barricate auspicate da Michail Bakunin – che avrebbe voluto montarle su con grandi tele e pesanti cornici da trafugare nei musei durante l'insurrezione di Dresda del 1849 – sia il sequestro di dipinti di artisti come Paul Gauguin e Vincent Van Gogh, ordito dai guerriglieri in Venezuela nel 1963, per ottenere il rilascio di prigionieri politici. Insomma, anche Guy Debord si schiera in favore del vandalismo che considera rivoluzionario e arriva appunto a dire che "C'est manifestement là une manière exemplaire de traiter l'art du passé, de le remettre en jeu dans la vie, et sur ce qu'elle a de réellement important."

Ma, a dire il vero, l'Internazionale Situazionista, pur considerandosi in uno stato di guerra, è anche consapevole dei rapporti di forza che sono in gioco e, soprattutto, delle forze di cui dispone. La guerra che ha dichiarato si potrebbe dire "asimmetrica" e, consapevole di ciò, si prefigge uno scopo alquanto modesto: si limita, si fa per dire, a voler dare scandalo e fa di tutto per essere di cattivo esempio.

In particolare, già con la presa di posizione in favore dell'increscioso gesto di Van Guglielmi, più che altro l'I.S., allora ai suoi esordi, vuole turbare chi ascolta, suscitare sdegno e riprovazione per la sua presa di posizione intollerabile e, conseguentemente, fare clamore – è che non può fare di più. Ma l'obiettivo che ha è chiaro. Ed è altrettanto chiaro che lo voglia raggiungere approfittando di tutto, senza tralasciare nulla, e senza far venire meno, mai, il proprio disprezzo per qualsiasi espressione della società esistente. La logica della guerra dell'I.S. è questa.

A distanza di tempo, al di là della violenza che l'I.S. ha difeso a spada tratta, quanto è sopravvissuto – assai più che non la bella illustrazione di Walter Molino su *La Domenica del Corriere*, per non dire di quanto Nunzio Van Guglielmi avesse vaneggiato – è l'eco del volantino ciclostilato dalla Sezione Italiana dell'I.S.. Da non credere, ma è andata così, nonostante i rapporti di forza messi in campo: da una parte *La Domenica del Corriere*, stampata in un milione di copie e, dall'altra, questo volantino diffuso in poche copie anche se assai ben mirate.

La Domenica del Corriere con l'illustrazione a tutta pagina di Walter Molino ha fatto la cronaca e ha dato il botto, mettendo in circolo il Raffaello vandalizzato, ma è l'I.S. e in particolare la sua Sezione Italiana che ha fatto la storia, a cui è passata anche per questo gesto, nonostante *La Domenica del Corriere* e benché Nunzio Van Guglielmi credesse di essere un pittore anacronista.

I sigilli delle rivendicazioni sono sempre postumi e, a questo proposito, dal 4 luglio 1958 è come se Van Guglielmi avesse dichiarato: "Sono un pittore situazionista".

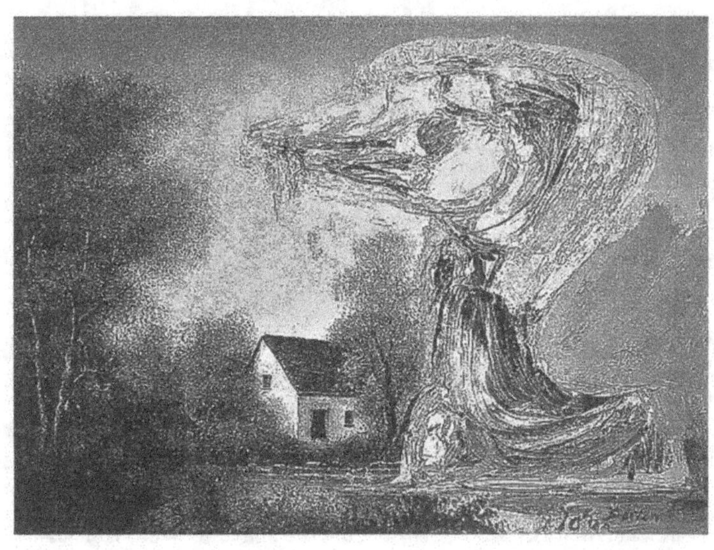

La "Peinture détournée" di Asger Jorn

È una pittura vacua fino al cattivo gusto. Una pittura ripetitiva e spenta. È una pittura che rappresenta una borghesia rispettosa dell'autorità, dell'ordine costituito e il cui orizzonte si chiude nell'ambito della propria casa che vuole preservare in una realtà bloccata, immersa nella familiarità delle cose di tutti i giorni, con cui costruisce la propria ossessiva Gemütlichkeit.

È una pittura che è finita da tutte le parti, sia nelle grandi città sia nelle più lontane e spaventose province. È una pittura che ormai è giunta all'altezza dei Biedermeir conosciuti in Germania, ma anche delle buone cose di pessimo gusto di nonna Speranza che abbiamo visto in Italia e non solo. Roba da Petit Homme, insomma.

Ma, soprattutto, è una pittura che, nonostante le avanguardie, si è trascinata per l'Europa dai tempi del II Impero fino al dopoguerra, anche se alla fine è anche giunta sulle bancarelle dei mercatini delle pulci da cui si è diffusa in ogni dove e ancor più in là nel tempo.

A un certo punto, questa pittura leccata e retrograda, quando oramai era alla frutta, viene assalita da Asger Jorn.

In occasione della sua mostra personale, "Modifications", alla Galerie Rive Gauche di Parigi, nel maggio del 1959, Jorn recupera una ventina di tele orrende, realizzate da schiere di mestieranti intercambiabili – che considera nient'altro che servi – e le sfascia come avrebbe fatto un barbaro, qual era.

Nel testo "Peinture détournée" che il pittore danese scrive in francese per il piccolo catalogo dell'esposizione, afferma beffardo, senza tanti giri di parole, che "Le détournement est un jeu dû à la capacité dé dévalorisation. Celui qui est capable dé dévaloriser peut seul créer de nouvelles valeurs. Et seulement là où il y a quelque chose à dévaloriser c'est-à-dire une valeur déjà établie, on peut faire une dévalorisation.".

A partire da questi princìpi, Jorn aggredisce, letteralmente, a pennellate, una galleria di ritratti di signore e signori, bimbi e bimbe di "buona famiglia", paesaggi e casette, nature morte, piazze e chiesette, marine, laghetti, giardini, paesaggi notturni. Ad uno ad uno, impiastra questi dipinti e, a colpi di colore che usa come se fosse guano, li danneggia come meglio può, senza lasciare loro una benché minima via di scampo. Le sue pennellate sono gesti di scherno e segni che vogliono sovvertire quella pittura che è presa a bersaglio da centrare, in quanto espressione dell'egemonia culturale che vuole, appunto, svalutare: il détournement della pittura, per principio, non vuole altro che svalutare e violentare i modelli dominanti, facendo della svalutazione e della violenza i cardini di una guerra ideologica che regola ogni agire artistico che è anche politico. Insomma, Jorn vuole stravolgere il senso dei dipinti che adopera e riusa per un fine che ritiene il più opportuno – e il solo fine che Jorn reputa opportuno è un fine sovversivo, per cui è necessario sminuire qualsiasi segno che sia divenuto ideologico, fino al punto di devastarlo, per far sparire il suo senso originario in una nuova composizione pittorica.

Con un'eccitante attitudine vandalica, Asger Jorn usa gli stessi dipinti che vuole combattere, in modi barbarici, irriverenti e canzonatori, senza alcuna pietà. Anche se, a dirla tutta, pur essendo in uno stato di guerra, questa "Peinture détornée" di Jorn dà luogo, più che altro, a una bella raccolta di Divertissement, prossima agli esercizi di riscaldamento che si fanno in palestra. Ma è altrettanto fondamentale ricordare che Asger Jorn deturpa questi dipinti

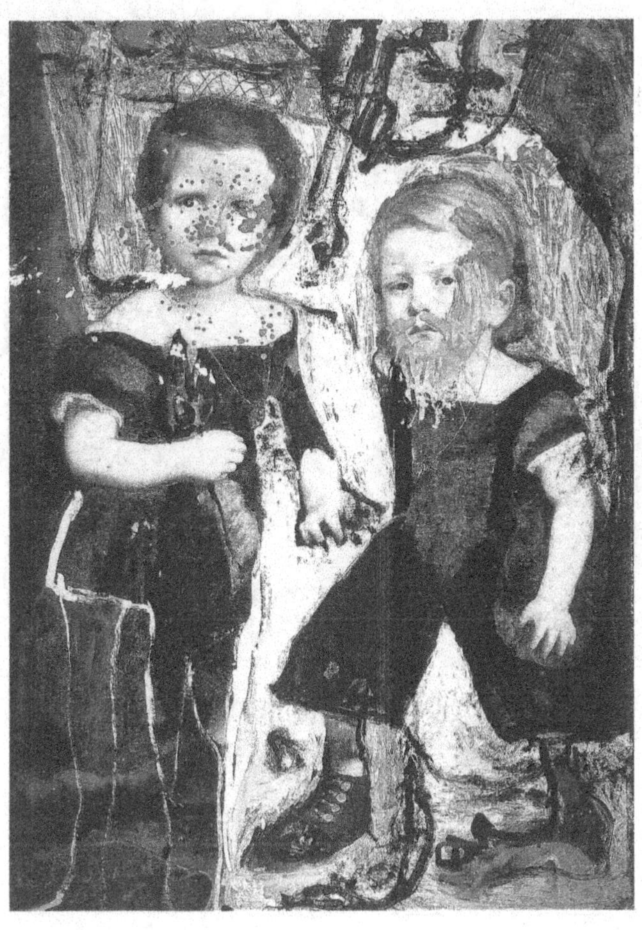

così come altri avrebbero progettato rapine di autofinanziamento e anche questo ulteriore fine ha un suo rilievo di non poco conto. Non per niente, dopo aver preso questa pittura a schiaffi e per i fondelli, con encomiabile disprezzo, Jorn passa anche all'incasso e, grazie alla vendita di questa sua raccolta di meravigliose porcherie ricercate e volute – a potenti collezionisti complici, raffinati quanto appassionati, come il Marinotti di Palazzo Grassi – chiude come si suol dire il cerchio in bellezza ovvero si fa produttore

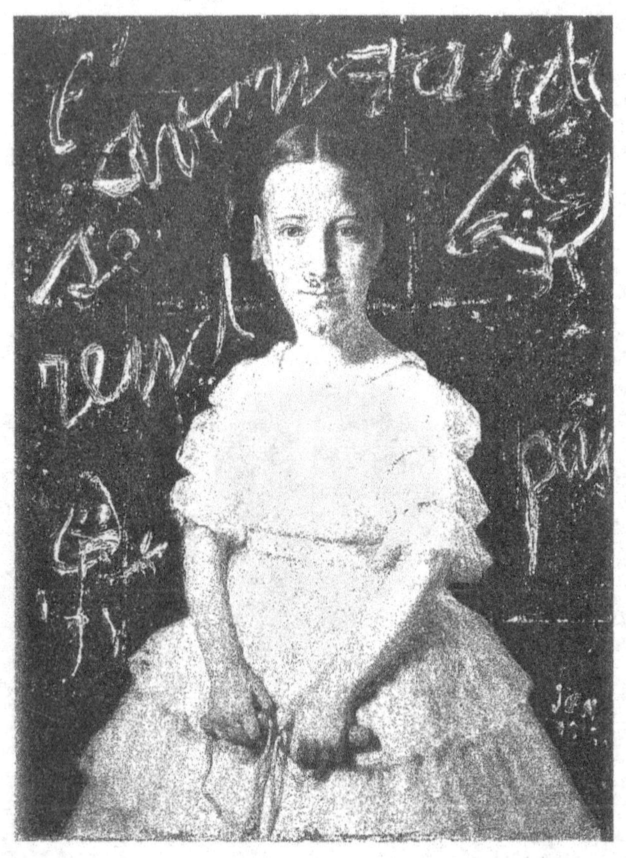

cinematografico, fonda la fantomatica Dansk-Fransk Experimentalfilms Kompagni e finanzia il secondo film di Guy Debord, *Sur le passage de quelques personnes à travers une assez courte unité de temps*.

Sia Asger Jorn sia Guy Debord si sono dati un gran da fare, di détournement in détournement, forti della presunzione di pensare che la loro opposizione radicale all'ideologia dominante potesse avere l'esclusiva del détournement dei segni. Invece, anche se il détournement dei segni era stato esaltato proprio da coloro che avrebbero voluto essere i peggiori e temibili nemici della "società esistente", innumerevoli sono, oggigiorno e da tempo, gli eredi di questo piccolo patrimonio della sovversione, anche se per opposti fini. Anzi, questa programmatica svalutazione e riorganizzazione dei segni per cui si sono adoperati i situazionisti – da Asger Jorn con i suoi dipinti a Guy Debord con i suoi film, per dire di esempi fra i migliori – è diventato, ben presto e paradossalmente, un modus operandi efficace ed efficiente, all'altezza di qualsiasi situazione in cui vi fosse da favorire e sostenere – al contrario – il successo di icone e merci. Oggigiorno, malgrado l'Internazionale Situazionista, il détournement trionfa addirittura nelle mani di saltimbanchi, giullari, gigolo, "Schauspieler" e sicari vari. Pronti a tutto, in nome del successo di icone e merci, per aggredire e combattere quelli che sono i *competitors* e per sedurre i *clientes*, continuando a svalutare icone e merci concorrenti, promuovendo, di détournement in détournement, il continuativo e compulsivo ricambio di icone e merci.

In un gioco al ribasso e per opposti fini, coloro che Jorn e Debord consideravano dei veri e propri nemici, hanno preso alla lettera il détournement dell'Internazionale Situazionista, variandone l'uso ma così come conviene e risulta opportuno sul piano strategico, a seconda dei consumatori che sono da catturare e fidelizzare. Al punto che è risultato piuttosto chiaro che il détournement potesse diventare, al contrario, uno dei mezzi più efficaci con cui riprodurre il mondo esistente e così, dalla distruzione senza via di scampo della società esistente, tanto agognata dall'Internazionale Situazionista, si è passati a un uso del détournement che ha invece la sua ragione d'essere nella "distruzione creatrice" di questa società – per dirla con un preveggente economista come Joseph Alois Schumpeter. Oggi l'ideologia imperante dominante è questa ed è tutta un'altra faccenda: la potenza distruttrice e al tempo stesso creatrice del détournement è stata messa al servizio, paradossalmente, dell'ideologia dominante ed è divenuta uno dei mezzi di riproduzione e rinnovamento più efficaci e sorprendenti della "società esistente", tanto che nulla più può scampare a un tale scempio.

"Erased de Kooning Drawing, Robert Rauschenberg, 1953"

Nel Museo d'Arte Moderna di San Francisco è conservata un disegno ovvero quello che un disegno lo era stato. Il disegno è separato dalla cornice sottile in legno da un passpartout bianco ghiaccio su cui spicca una piccola didascalia che recita: "Erased de Kooning Drawing, Robert Rauschenberg, 1953".

Robert Rauschenberg ha usato un disegno di de Kooning, ma non possiamo più vedere qual era il disegno che è stato soppresso. Di fatto, il disegno di de Kooning è letteralmente scomparso nella nuova opera di Rauschenberg che si era scagliato contro questo disegno, con dedizione ed estrema cura, per riuscire, alla fine di un mese dedicato a un lungo lavoro certosino, a cancellarlo. A questo proposito e prima di tutto, vale la pena di ricordare che i due artisti si erano messi d'accordo e che il primo si era dato in pasto al secondo senza alcun indugio, offrendogli per di più un disegno cui era particolarmente affezionato.

Rauschenberg mette lo spettatore di fronte alla sparizione di un disegno – la sparizione del disegno è stata voluta e l'operazione è andata a buon fine, ma la nuova opera non avrebbe alcun senso se non rimanesse presente il riferimento al disegno di de Kooning che aleggia come il fantasma di una fonte, in un palinsesto che si è fatto carico della sua sparizione.

Erased de Kooning Drawing mette in relazione un disegno di de Kooning con la sua cancellazione: anziché aggiungere, Rauschenberg toglie. Non c'è null'altro da vedere, se non un disegno cancellato e questo bel titolo. Anzi, più che guardare, dobbiamo leggere il titolo posto alla base del disegno incorniciato e immaginare quanto non si vede. E se possiamo immaginare quanto Rauschenberg ha fatto e ci vuole far vedere o meno, è grazie a questo suo titolo che ciò può avvenire. Altrimenti il risultato della lotta di Rauschenberg con de Kooning sarebbe a somma zero.

Un tempo, le opere, un titolo neanche lo avevano. A un certo punto, si è iniziato ad attribuire dei titoli a opere di epoche passate che un titolo non lo avevano mai avuto. Insomma, da un determinato momento in poi, i titoli sono tornati piuttosto utili, ricoprendo a poco a poco un ruolo sempre più rilevante. Anche perché ci sono opere, come *Erased de Kooning Drawing*, che

non sarebbero nulla, oppure potrebbero essere qualcos'altro ancora, se non avessero un titolo.

Nel caso dell'opera di Rauschenberg, il titolo indica addirittura l'opera di de Kooning che contiene materialmente, anche se è stata sottratta al nostro sguardo. E, allora, guardiamo l'opera di Rauschenberg anche per dare un senso al titolo che abbiamo letto: è il titolo che ci vuole persuadere a guardarla quest'opera e, se non ci fosse il titolo, quest'opera potrebbe passare anche inosservata. Insomma, è il titolo che garantisce all'opera di Rauschenberg un'esistenza, rendendo presente al pubblico pure l'assenza dell'opera soppressa di de Kooning, che non è più possibile vedere.

Grazie al titolo, è come se la violenta azione di sopraffazione di cui si è reso responsabile Rauschenberg fosse stata messa a verbale, ed è questo il punto: se non vi fosse questo titolo ad accogliere la confessione del pittore, il delitto commesso potrebbe anche non farsi scorgere e, in definitiva, non configurarsi come tale.

Ancora, se non leggessimo questo titolo, l'opera di Rauschenberg di primo acchito potrebbe sembrare il risultato ottenuto da un primate tanto amato dai surrealisti, come Congo. Invece no: agli albori del nuovo mondo, Rauschenberg si è comportato più che altro come un lupo e, al riparo di un titolo, ha interpretato in modo eccellente la guerra dei lupi in un mondo tornato in mano ai lupi.

Oggi, l'ideologia dominante è addirittura un'ideologia di lupi famelici e insaziabili ed è più realistico immaginare la fine del mondo che la fine di questi lupi.

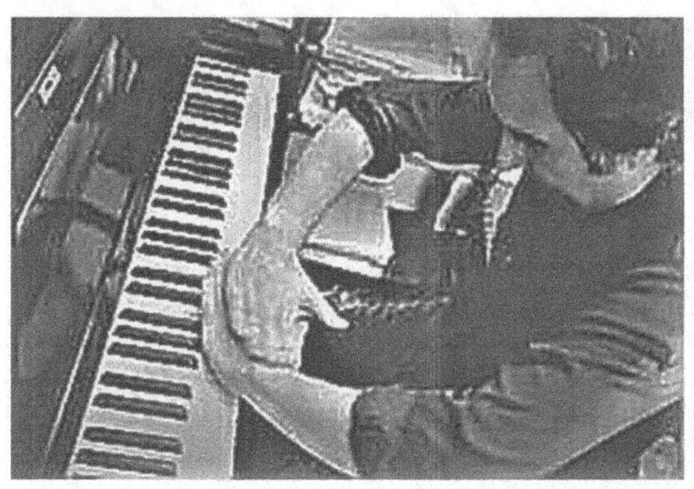

Il pianoforte di Giuseppe Chiari

Un artista come Giuseppe Chiari ha fatto di tutto per liberare la musica e a ciò ha dedicato una vita.

Per liberare la musica, Giuseppe Chiari l'ha affrancata dalla sua detenzione nei Conservatori e nelle Sale da Concerto. Soprattutto, ha liberato la musica da scale maggiori e minori, armoniche e melodiche, accordi musicali, suoni fondamentali e consonanze. Ha liberato la musica da pentagrammi e chiavi musicali. Ha liberato la musica dalla melodia, dal contrappunto, dall'armonia. Ha liberato la musica dalla teoria e dalla notazione musicale. Ha liberato la musica da qualsiasi regola prescrittiva. Provandoci sempre, con un imperturbabile ed encomiabile ottimismo disinteressato e un'onestà intellettuale capace di inchiodare tutti alle proprie responsabilità.

Per fare ciò, Giuseppe Chiari ha suonato e combattuto il pianoforte, con il massimo rispetto e onore delle armi dovutogli. L'ha combattuto nella stessa misura in cui ne era appassionato. Questo pianoforte, Giuseppe Chiari l'ha suonato una vita. L'ha suonato tutto, da capo a piedi. A testa alta e non solo con le mani.

Giuseppe Chiari, il pianoforte lo ha anche smontato ma, soprattutto, lo ha voluto fare a pezzi. Sempre per suonarlo in altri modi ancora.

Un pianoforte è bello e facile da smontare. È sufficiente spostare perni, cerniere, chiusure scorrevoli e in quattro e quattr'otto si smonta il coperchio di legno pregiato che copre la cassa, oppure quello con cui si protegge la tastiera.

Con Giuseppe Chiari ci siamo pure messi in ginocchio, per suonare le tre gambe che tengono in piedi il pianoforte, con i capelli e la testa che strusciavano e sbattevano contro il telaio della cassa, sotto cui eravamo accovacciati. Ci siamo messi a suonare anche lo sgabello su cui in genere ci si siede. Lo abbiamo girato, lo sgabello, e messo a gambe all'aria, per percuoterlo, ma poi ci siamo messi a suonare pure la pedaliera di ottone, come uno strumento a percussione.

Con Giuseppe Chiari abbiamo continuato a infilare braccia e mani dentro il pianoforte. Braccia, gomiti e mani le abbiamo posate e agitate sul somiere di faggio e sulle centinaia di cavigliere d'acciaio cui sono agganciate e avvolte le corde. Ci siamo divertiti a percuoterle queste cavigliere. Con le mani e con i gomiti. Ci siamo messi a suonare la tavola armonica, i listelli di legno d'abete, i perni e i pironi di metallo, tendendo o rilassando le corde, per variarne di continuo il suono. Poi, ci siamo messi a suonare la piastra di ghisa che fa sempre una grande impressione nella sua bellezza, per quanto sia simile a un'arpa, anche se è sdraiata nel pianoforte che fa da cassa. E sono circa duecento le corde che questa piastra trattiene e ci siamo messi a suonarle, volendo suonarle più o meno tutte quante. Sia quelle di acciaio, grosse e nodose per i suoni più gravi, ma anche quelle più fini, avvolte in fili di rame. Stuzzicandole con i polpastrelli, facendo rotolare le dita, di corda in corda. Così abbiamo continuato a percuoterle queste corde. Usando mani e gomiti, ma anche bacchette e archetti, strofinandole o urtandole contro le corde, con sempre maggiore irruenza. Abbiamo continuato a percuoterle queste corde, avanti e indietro, con tre quattro dita per mano. Pure i martelletti rivestiti di feltro li abbiamo suonati, percuotendoli con le dita della mano infilata nella cassa. Scuotendoli ritmicamente, questi martelletti. Spingendo il medio con l'indice. Così le mani le abbiamo tenute a lungo dentro il pianoforte. Ma, a un certo punto, siamo tornati a percuotere pure i tasti. I tasti bianchi rivestiti di avorio e quelli neri, di ebano. Per suonare la tastiera del pianoforte con i dorsi delle mani, con palmi e polsi. Con le mani incrociate e, alla fine, pure con i gomiti. Abbiamo fatto tutto questo, dentro, fuori e intorno a un pianoforte, ma soprattutto dentro, grazie a un maestro come Giuseppe Chiari.

Giuseppe Chiari, alla fine, ci ha fatto notare che sebbene avessimo fatto il contrario di quanto altri avrebbero voluto, eravamo comunque rimasti imprigionati in riti, protocolli e regole che rinviano a istituzioni in cui la libertà – la nostra libertà – è tuttora detenuta insieme alle opere d'arte.

Nonostante tutto ciò che era stato fatto, Giuseppe Chiari non ha mai smesso di ricordarci che non è possibile andare oltre queste opere d'arte. Non è possibile fare di più. Il punto è proprio questo: anche e proprio perché, come ci aveva avvertito in tempo il nostro grande maestro fiorentino, "Tutte le opere sono opere".

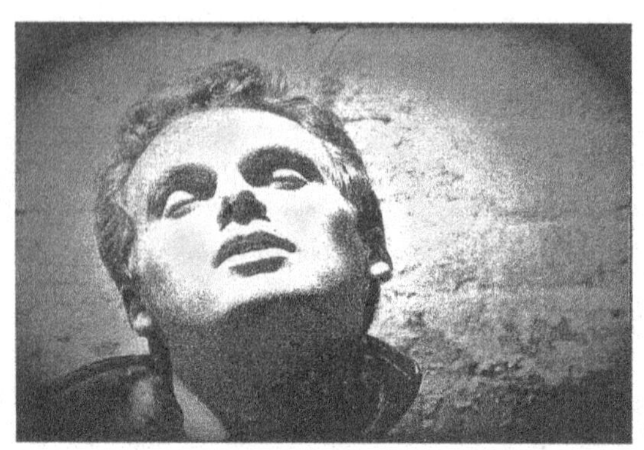

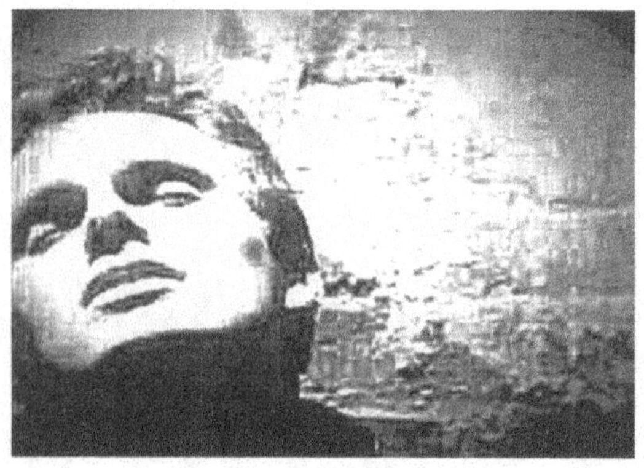

Il *Blowjob* di Andy Warhol

Si vede il volto di un giovane, in primo piano nell'inquadratura fissa, frontale, lievemente decentrato sulla sinistra dell'immagine. Per tutto il film non si vede altro se non questo volto, i movimenti del capo, degli occhi, gli inarcamenti del collo, della testa, delle spalle poggiate a un muro scrostato. È il volto di un giovane che si dimena.

Questo volto è lì, di fronte a noi, per farci immaginare quanto non è possibile vedere e che succede nel fuoricampo dell'immagine che stiamo guardando, laddove il film, di fatto, avviene.

Noi, più che altro, siamo spettatori di ciò che non si vede e vediamo il film proprio per quanto non è dato da vedere.

Il film ha anche un titolo, *Blowjob*, ed è il titolo in cui l'autore, Andy Warhol, lo ha inscritto nel 1963 offrendo il senso a espressioni e movimenti che potrebbero anche significare altro, in assenza di questo titolo. Ma il titolo è tutto un programma, uno se lo può solo immaginare ciò che il titolo suggerisce, senza poter avere certezza di ciò che realmente avviene.

È certo invece, fin dal titolo, che non si tratta dell'estasi della Santa Teresa del Bernini, in marmo. Tutt'al più, quel poco che abbiamo modo di vedere, ha a che fare con la pulsione erotica, sempre di Teresa d'Avila, ma nella trasfigurazione dipinta da Tamara de Lempicka.

Dunque, sembrerebbe essere proprio un blowjob ciò che non si vede, ma siamo noi spettatori che costruiamo la trama del film che stiamo guardando, la trama di un blowjob che non possiamo vedere.

Il film è frutto della nostra interpretazione di espressioni e movimenti del volto che stiamo guardando. Ma il senso che attribuiamo a queste immagini, a questi movimenti, è sempre un effetto di quanto avviene nel fuoricampo dell'immagine. È proprio il fuoricampo dell'immagine, che possiamo solo immaginare, a far ricadere i suoi effetti nell'immagine che stiamo guardando, determinandone il senso. Al punto che – quello che era – uno spettatore non si limita più a guardare un film. Anzi, lo spettatore è invitato a immaginare cosa vuole ovvero le immagini che non vede, di un film che non gli offre neanche nulla da ascoltare.

Dopotutto, è lo spettatore che fa il quadro, aveva già sentenziato Marcel Duchamp in "The Creative Act" ovvero nel discorso che tenne nel 1957 all'American Federation of the Arts Convention a Houston e che venne pubblicato lo stesso anno da *Art News*. Ma, nel caso di *Blowjob* – viene da aggiungere – se lo spettatore non "facesse" il film, non riuscirebbe neppure a vedere quanto può solo immaginare.

In ogni caso, l'unico dato certo è che stiamo guardando un volto, il volto di un giovane uomo che sembra muoversi sempre in reazione a un godimento che prova e che trova espressione nei suoi movimenti. Ma, anche se attribuiamo un senso a questi movimenti – quest'uomo sta godendo – non possiamo sapere chi è il "soggetto" che, da questo fuoricampo, sta provocando il godimento che siamo spinti a credere che abbia luogo: lo status del soggetto fuoricampo è incerto. Diciamo "soggetto", usiamo questo sostantivo maschile, ma nella sua accezione neutra, anche perché potrebbe essere sia una donna sia un uomo, questo soggetto fuoricampo. Addirittura potrebbero anche essere più persone, uomini o donne che siano. Insomma, non sappiamo neanche chi sia il "soggetto" che partecipa al film dal fuoricampo di quest'immagine in movimento.

Questo soggetto, però, è come se fosse fra noi spettatori. E anche noi spettatori è come se fossimo precipitati in questo fuoricampo che condividiamo con un soggetto di cui non conosciamo neppure l'identità. In ogni caso, noi spettatori, anche se non siamo dati da vedere, ci ritroviamo a condividere questo spazio, messo in comune fra noi che guardiamo, il giovane di cui vediamo solo il volto e un terzo soggetto che, come noi, è nel fuoricampo di cui questo film non può fare a meno. Le relazioni messe in campo sono queste – noi spettatori possiamo immaginare e ricostruire quanto il soggetto fuoricampo sta facendo, ma potremmo pure immaginare di prendervi parte.

Questo fuoricampo dell'immagine, ovviamente, non ha più nulla a che fare con la realtà che avevamo conosciuto prima di conoscere questo spazio, invisibile all'occhio. Il fuoricampo è un effetto rituale della stessa immagine – il fuoricampo non esisterebbe se non ci fosse l'immagine da cui dipende.

Anche noi siamo proprio lì, in questo fuoricampo dell'immagine che ha invaso la nostra realtà, e l'immagine non è più in uno spazio separato da noi, bensì ci contiene – anche se solo nel suo fuoricampo, che ci fa comunque entrare in comunione con le immagini in cui siamo immersi. Anche noi siamo finiti oltre l'immagine, sprofondando in questo suo fuoricampo dal quale non possiamo più affacciarci.

Pur poggiando ancora i piedi su un lembo di terra che fu, abbiamo trovato dimora in quest'appendice invisibile dell'immagine. Ma, anche l'immagine, come la terra che fu, oggi sembra essere scomparsa, in buona parte, in quel fuoricampo in cui, con lei siamo precipitati e scomparsi.

Le *Zones de Sensibilité Picturale Immatérielle* di Yves Klein

Nel 1959 Yves Klein avviava la vendita delle *Zones de Sensibilité Picturale Immatérielle*. Si trattava di porzioni di vuoto, per non dire di nonnulla, che Yves Klein iniziava a scambiare sul mercato dell'arte, ma solo a determinate condizioni: esclusivamente in cambio di oro in lingotti, la cui quantità variava a seconda della *Zone de sensibilité picturale immatérielle* che cedeva ai suoi collezionisti.

Sono note otto serie numerate e firmate di queste *Zones de sensibilité picturale immatérielle* e ognuna comprende, a sua volta, dieci altre *Zones* numerate e firmate dall'artista – il caso vuole che il primo acquirente fu un italiano ovvero Peppino Palazzoli, Direttore della Galleria Blu di Milano, che ottenne la *Zone* inaugurale in cambio di venti grammi d'oro, il 18 novembre del 1959, grazie all'intermediazione della collega parigina Iris Clert.

Acquistando una delle *Zones de sensibilité picturale immatérielle*, il collezionista otteneva, di fatto, solo una ricevuta, simile ad un assegno, che riportava il suo nome e cognome, la data e il luogo di emissione, la causale per cui aveva effettuato la transazione economica in favore dell'artista, oltre che l'importo esatto in lettere e in cifre.

Non risultava altro, materialmente in mano a questo collezionista, oltre a questa ricevuta. In ogni caso, in ragione di questa ricevuta, il collezionista poteva attestare e conservare traccia della *Zone de sensibilité picturale immatérielle* che aveva acquistato e, a questo punto, poteva pure immaginare quest'opera grazie alle parole che la indicavano.

Così, come Marcel Duchamp nei primi decenni del Novecento aveva inscritto nelle sole parole il ready-made *Se servir d'un Rembrandt comme planche à repasser*, Yves Klein aveva messo al mondo le *Zones de sensibilité picturale immatérielle* inscrivendole nelle parole. Solo che le parole di Yves Klein, in particolare, certificavano addirittura il vuoto cui davano luogo, facendo dello stesso vuoto una costruzione generata dalle parole che lo indicavano e con le quali aveva redatto una ricevuta contabile per poterlo mettere in vendita.

Non c'era nulla da vedere – a parte una ricevuta che attestava una transazione economica, condotta per nulla. Non c'era nulla, se non queste parole che inscrivevano in sé questo vuoto, per fare anche del vuoto una merce, spogliata di tutto, ed è questo il punto: le *Zones de sensibilité picturale immatérielle* sono opere d'arte senz'altra connotazione e attributo che vada al di là del vuoto che in una certa misura contengono e cui corrisponde un determinato valore economico.

È un vuoto di cui non si avevano tracce che fossero precedenti alla sua inscrizione in queste parole – sono le parole che creano questo vuoto e che promuovono lo scambio di quest'opera d'arte in forma di merce. È la potenza performativa delle parole di una ricevuta contabile che attesta il passaggio, di mano in mano, del vuoto divenuto oggetto di una transazione economica.

Per poter vendere questo vuoto, Yves Klein aveva dovuto attestare con estrema correttezza che stava vendendo proprio nulla: pure la compravendita del vuoto poteva avere questa evidenza burocratica, essere formalmente regolare e non fare una grinza.

Dunque, grazie a Klein abbiamo potuto immaginare la merce senza che ci fosse neppure più qualcosa, materialmente, da scambiare – a parte una ricevuta che indicava ciò che veniva scambiato.

Le *Zones de sensibilité picturale immatérielle* di Yves Klein trascendevano, evidentemente, le parole che le indicavano, trascendevano le ricevute che ne attestavano l'esistenza e la compravendita. In ogni caso, queste *Zones de sensibilité immatériele* erano evidentemente al di là dell'esperienza sensibile

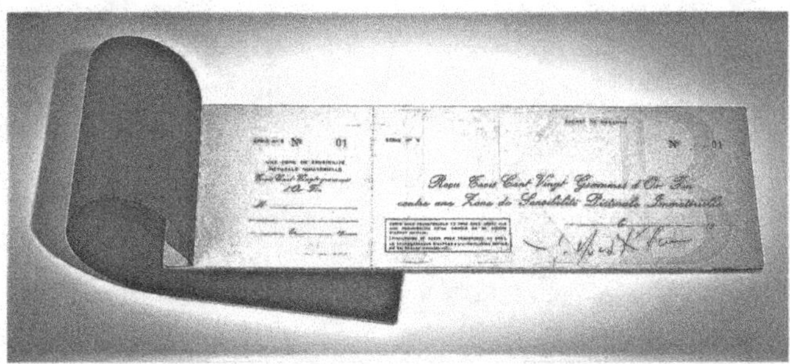

N° 01
Reçu Trois Cent Vingt Grammes d'Or Fin
contre une Zone de Sensibilité Picturale Immatérielle
N° 01

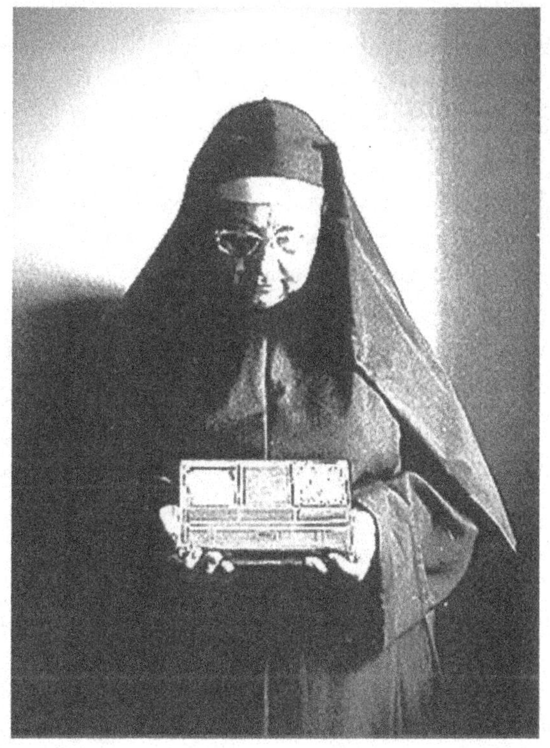

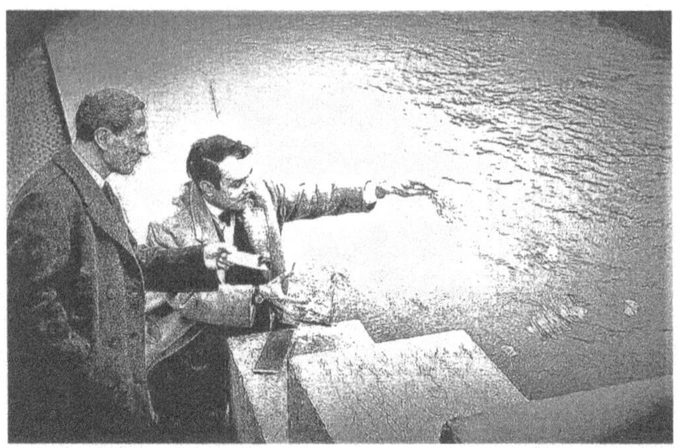

della percezione umana – erano "sovrasensibili" – e, alla fine, mostrano, ancora oggi, la merce per quello che è – "piena di sottigliezza metafisica e di capricci teologici", come già Karl Marx ci aveva fatto notare.

Anche il vuoto, di cui fino ad allora si era avuto solo un'esperienza mistica e contemplativa, aveva finalmente trovato riparo nella merce e, in ogni caso, da allora si è inteso chiaramente che ci si può scambiare anche il vuoto, come qualsiasi altra merce. Non per niente, è nello scambio che la merce, propriamente, viene al mondo e se non ci fosse stato questo scambio sul mercato – che conferisce il valore di merce a una cosa che, alla fine, può esserci o meno – il valore economico di questo vuoto – di questa merce – sarebbe venuto meno.

A questo proposito, Yves Klein aveva previsto che il collezionista potesse anche rivendere questo vuoto, ma avrebbe potuto farlo solo a determinare condizioni che regolavano il suo mercato: poteva rivendere il vuoto, ma al doppio del valore a cui lo aveva acquistato. Dunque, il valore del vuoto era destinato a crescere, passando di mano in mano, da collezionista a collezionista. Il vuoto era destinato a diventare sempre più dispendioso e il suo valore dipendeva unicamente da questi passaggi di mano in mano che davano luogo a una sua crescita esponenziale, che non poteva patire oscillazioni di mercato o svalutazioni varie, nonostante non ci fosse proprio nulla da vendere.

È altrettanto significativo che nelle "Règles rituelles de la cession des zones de sensibilité picturale immatérielle", Yves Klein avesse previsto, a chiare lettere, anche un'altra fine per queste sue *Zones*, alternativa alla conservazione burocratica di una ricevuta e delle sue parole che indicavano il vuoto, per scambiarlo in forma di merce, in quanto opera d'arte.

Le "Règles rituelles" avevano anche previsto che il collezionista potesse dare alle fiamme la sua ricevuta e che l'artista fosse costretto a gettare, di conseguenza, la metà dell'oro che aveva ottenuto in cambio di questo vuoto. Solo una metà di quest'oro avrebbe dovuto essere buttata via – e così Klein ha fatto in più di un'occasione, perché andasse disperso – mentre l'altra metà dell'oro avrebbe dovuto essere utilizzata per la realizzazione dei suoi *Monogold*. Mentre in un caso, eccezionale, alcuni di questi lingotti rimastigli divennero un Ex-voto per Santa Rita, la "Santa delle cause impossibili", in occasione di un suo pellegrinaggio al Convento a lei dedicato a Cascia, dove sono ancora oggi conservati dalle suore, dando luogo a un ulteriore e singolare sincretismo cultuale.

La cosa qui più interessante è il regime della perdita, questo spreco, questa "Dépence" – per dirla con una sola parola di George Bataille – che Klein aveva previsto nelle sue "Règles rituelles": il collezionista avrebbe dovuto bruciare solennemente la ricevuta, alla presenza dei soliti autorevoli testimoni del caso, affinché non gli restasse, realmente, più nulla. Altro che ricevuta, burocrazia, merce, profitti e crescita esponenziale del valore.

Grazie alle parole e alla merce, il collezionista aveva acquisito la capacità di poter gettare uno sguardo sul vuoto, ma se avesse voluto vivere e fare un tutt'uno con il vuoto, anziché contemplarlo, scambiarlo o capitalizzarlo in futuro, avrebbe dovuto comunque abbandonare queste parole e queste merci. E, per fare ciò, era sufficiente che desse alle fiamme una ricevuta su carta, facendo venire meno le parole grazie alle quali Yves Klein era riuscito a indicare e a inscrivere una porzione di vuoto. Facendo venire meno le parole che indicavano e convalidavano questo vuoto, non avrebbe soltanto sottratto il vuoto alle parole: era lo stesso status di merce del vuoto che sarebbe venuto meno. Al riguardo è piuttosto nota una fotografia che ritrae Yves Klein mentre getta l'oro nella Senna insieme allo scrittore giornalista pittore e Graphic Novelist Dino Buzzati che ancora tiene in mano la ricevuta, ma è pronto a bruciarla sul Pont au Double di Parigi, il 26 gennaio del 1962. E il caso vuole che anche Buzzati omaggiò Santa Rita, ma in trentanove Ex voto immaginari che disegnò per illustrare "I miracoli di Val Morel", pochi mesi prima della sua morte sopraggiunta improvvisa nel 1972, facendo appena in tempo ad esporli nella Galleria di Carlo Cardazzo a Venezia.

Ma, a parte questi aneddoti, quanto più importa è che il collezionista – chiunque fosse – bruciando la ricevuta, ossia seguendo la "Règle" prevista da Yves Klein, avrebbe sottratto il vuoto anche al mercato, avrebbe fatto venire meno anche la possibilità di poter scambiare nuovamente questo vuoto in forma di merce: finalmente il collezionista avrebbe avuto modo di immergersi e perdersi totalmente in questo vuoto, al di là delle parole e oltre la merce, che rivelavano di essere solo dei mezzi per poter raggiungere il vuoto.

The Imaginary Museum di Hans Hollein

Nel 1987, nell'ambito di Documenta 8 a Kassel, in una sala del Fridericianum Museum l'architetto Hans Hollein presenta *The Imaginary Museum*, mettendo in scena la relazione che le opere d'arte intrattengono con i propri spettatori ma anche con gli apparati ordinatori e classificatori dell'istituzione museale che le possiede e le rende pubbliche nei suoi propri modi.

In genere, lo spettatore entra in una sala del museo e si avvicina all'opera che più gli è vicina o che più lo ha colpito. Si china a guardare la scheda che le sta a fianco. Vuol sapere chi è l'autore e in che anni ha vissuto, qual è il titolo attribuito all'opera e qual è l'anno della sua esecuzione, ma viene anche a sapere qual è la tecnica e quali sono le dimensioni di ciò che ha di fronte.

La consueta relazione che intercorre fra lo spettatore e le parole dell'istituzione, in *The Imaginary Museum* è rovesciata materialmente. A scanso di equivoci, Hollein ha progettato delle schede abnormi per non dire monumentali – almeno tre o quattro metri quadri l'una – con cui ha occupato questa grande sala museale. Le opere d'arte, al contrario, Hollein le ha miniaturizzate ed esposte in piccole cornici dorate e passepartout d'ordinanza, mettendole al fianco di queste schede appunto abnormi, di cui le opere esposte non sono che delle appendici.

Nella sala campeggiano trionfalmente ben tre di queste schede monumentali.

La prima cui lo spettatore si può avvicinare recita: "Gerhard Richter, 1932. Graues Bild, 1975. Oel auf Leinwand, 225 x 175".

La seconda scheda è dedicata invece a "Peter Paul Rubens, 1577 – 1640. Das Pelzchen, 1638. Oel auf Eichenholz, 176 x 83".

Infine, la terza scheda fa i conti con "Diego Rodrìgruez de Silva Velasquez, 1599 – 1660. Las Hilanderas, ca. 1656. Oel auf Leinwand, 167 x 250".

In questa sala, lo spettatore, anziché doversi accovacciare per leggere le consuete schede d'ordinanza, è costretto a fare ciò per vedere le opere d'arte – mica le schede – in un gioco delle parti i cui ruoli sono rovesciati anche materialmente: al centro della scena abbiamo proprio queste schede che, in genere, accompagnano e marcano le opere con subdola discrezione.

Hollein mostra le schede fatte di parole dell'istituzione, mostra le parole che inquadrano le opere d'arte ma, anziché farle stare dietro le quinte, le celebra paradossalmente, ponendole al centro della sala e della nostra attenzione. Insomma, Hollein, prima di tutto, mostra come l'istituzione museale faccia di ogni singola opera una sorta di pretesto delle sue stesse classificazioni e catalogazioni che assoggettano tutto a sé, promuovendo non soltanto l'ordinata gestione delle opere, ma pure l'ordinata gestione degli stessi spettatori.

The Imaginary Museum evidenzia le regole generali che orientano lo spettatore e gli atti che conseguentemente compie, garantendo uniformità, continuità e stabilità dell'istituzione. Non per niente, il ritualismo burocratico dell'istituzione museale privilegia, più di ogni altra cosa, la fedeltà alle proprie regole di classificazione e catalogazione – al di là di ogni variazione che accoglie – facendone il fine reale della propria organizzazione. Anzi, appare piuttosto evidente che il ritualismo dell'istituzione museale sia fatto apposta per adattarsi ai continui mutamenti che ingloba e uniforma a sé, pur facendosi sempre più pervasivo.

Hans Hollein mette in scena l'opera d'arte destinata a divenire, prima di tutto, un'illustrazione della "Bureaucratie" che la istituzionalizza. Al punto

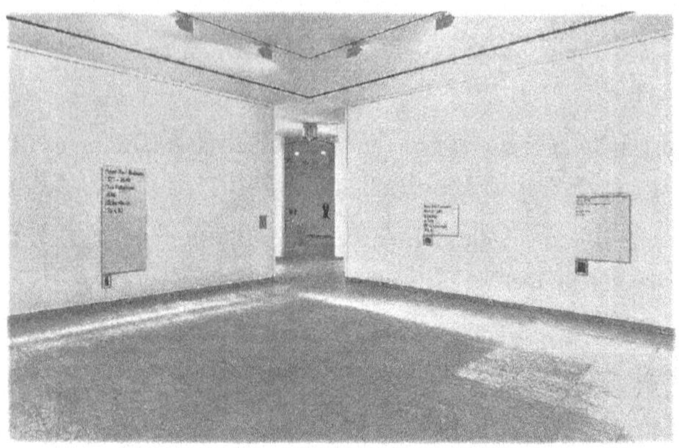

che abbiamo modo di assistere addirittura all'estetizzazione spettacolare della macchina burocratica che l'ha fatto propria, ordinandola nel suo apparato classificatorio.

Le relazioni burocratiche che intercorrono fra l'opera e le parole e fra queste e lo spettatore, si materializzano architettonicamente, in una sala museale che si presenta addirittura come una vera e propria "vignetta", trasferita da un disegno esecutivo su carta alle tre dimensioni che ci accolgono e avvolgono.

Questa vignetta ovvero questo spaesante "détournement comico" – per traslare qui le parole di Guy Debord e Gil Wolman – esalta il modello burocratico museale, facendone un mostriciattolo di cui esaspera l'identità, nella sua razionalità esibita ed ostentata fino alla paradossalità in cui è caduta.

Di fatto, *The Imaginary Museum* di Hollein vuole farci sorridere, pur amaramente, di fronte alla burocratizzazione dell'opera d'arte che ci sbatte in faccia. In ogni caso Hollein è un architetto comico che fa sprofondare nell'abisso del ridicolo l'apparato rituale e burocratico del museo, cui tributa tutti gli onori che si merita.

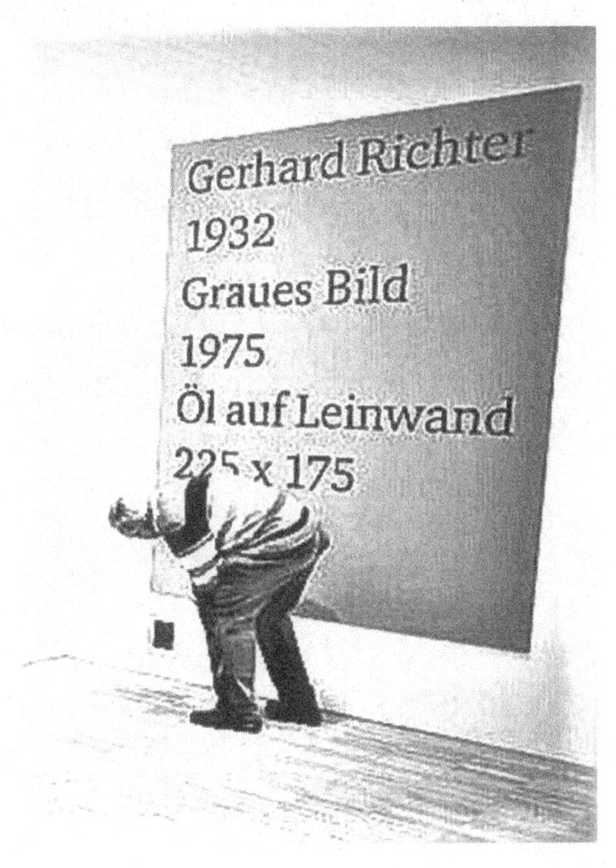
Gerhard Richter
1932
Graues Bild
1975
Öl auf Leinwand
225 x 175

QUESTURA
DI FORLI'

OGGETTO: Verbale di denuncia di patito furto sporta da:
CATTELAN Maurizio, nato a Padova il 21.9.1960 ivi residente
in via U. Foscolo al civico 22/A, domiciliato in Forlì in
via Maroncelli al civico nr: 15 tel. 0543/23865.-

L'anno 1991, addì 22 del mese di Marzo alle ore 08.25, negli Uffici
della Squadra Mobile della Questura di Forlì.=======================
Innanzi a Noi sottoscritti Ufficiali ed Agenti di P.G., appartenenti
alla suidicata Squadra Mobile, diamo atto che è presente CATTELAN Mau
rizio, in oggetto meglio generalizzato, il quale per ogni effetto di
legge denuncia quanto segue:==
Ieri sera 21.3.91, parcheggiavo l'auto della mia ragazza GIAMBI Patri-
zia, in questa via P. Maroncelli, alle ore 20.30, la stessa non era
chiusa a chiave.L'auto targata FO 453979 e una GOLF WV.=============
=====================================All'interno dell'autovettura si trovava un
pacco nel cui interno c'era un opera "INVISIBILE " la stessa ha un
valore affettivo e doveva partecipare ad una mostra a Milano.=========
A.D.R.=L'auto, non è assicurata.=====================================
A.D.R.=Non ho sospetti su alcuno.===================================

A richiesta dell'interessato e per i soli usi consentiti dalla
legge si rilascia copia del presente atto.==========================

COMUNE DI ROMA

copia, composta di fogli n. 1
conforme all'originale.
Forlì 0 2 APR. 1991
IL FUNZIONARIO INCARICATO

Il furto dell'opera d'arte Invisibile

La denuncia è stata presentata nella serata del 22 marzo 1991 agli uffici della Squadra Mobile della Questura di Forlì. La denuncia, orale, è stata trascritta a verbale nell'immediato, come si suol fare in questi casi, dagli ufficiali di polizia giudiziaria che l'hanno accolta. È una denuncia di furto, in particolare di un'opera d'arte, ed è il proprietario dell'opera a essersi recato personalmente in Questura a denunciarne la sottrazione dall'automobile, una Volkswagen Golf di proprietà della fidanzata, che aveva parcheggiato sotto casa, lasciandola incautamente aperta, senza accorgersene.

Dal verbale risulta che quest'opera d'arte era anche imballata – così come si usa fare in genere per i trasporti delle opere d'arte – perché la coppia era in procinto di trasportarla a Milano, per un'esposizione d'arte programmata in una galleria d'arte contemporanea.

Il proprietario dell'opera d'arte rubata, che non è solo la vittima del furto ma anche l'autore della stessa, ha fatto pure verbalizzare di non avere sospetti nei confronti di nessuno e che quest'opera ha un valore meramente affettivo, escludendo, di fatto, di aver subito un danno economico.

Il verbale è sottoscritto da due agenti di polizia giudiziaria – anche se le firme sono scarabocchi illeggibili – e da chi ha presentato la denuncia, la cui firma è invece piuttosto chiara e indiscutibile. L'autore della denuncia è il più famoso artista della commedia dell'arte italiana, che anni dopo sarebbe diventato anche americano: è Maurizio Cattelan.

È da notare che del furto in questione non era stata data notizia in alcun modo dai giornali del giorno dopo. Se n'è iniziato a parlare più che altro anni dopo. Dopotutto, in quegli anni l'artista stava muovendo i suoi primi passi fra Bologna, Genova e Milano, se ben ricordo, a partire proprio da Forlì.

In questo verbale, però, quanto si nota subito è che l'opera d'arte in questione non è descritta in alcun modo, neanche sommariamente, ma è soltanto indicato a chiare lettere il suo titolo: *Invisibile*.

Da allora, equivocando sul titolo dell'opera – *Invisibile* – abbiamo sentito sempre parlare della denuncia del furto di un'opera d'arte invisibile e, in effetti, questa leggenda è piuttosto suggestiva, anche se campata in aria: come se si potesse trafugare e far sparire un qualcosa che non c'è e che non ha alcun altro attributo oltre ad essere invisibile, di fatto oltre che di nome. Come se potesse venire meno ciò che è invisibile – come se ci dicessero che non è più possibile vedere l'invisibile ed è questo che, secondo questa ricostruzione dei fatti, l'artista avrebbe denunciato.

Ciononostante sono queste le parole che sono state messe in circolo e che hanno avuto credito. Come se dopo Yves Klein – che era già riuscito a vendere più di una *Zona Immateriale* – una sorta di nulla, attestato da una ricevuta di compravendita – Cattelan, invece, fosse riuscito a denunciare – mica in una galleria d'arte, ma in una questura – il furto di un'opera invisibile. Ma roba da matti, non è mica andata così, la denuncia sarebbe stata inverosimile, da manicomio più che da museo o galera. Dunque, questa vulgata non è che sorta nel passaparola, stravolgendo quanto dichiarato a verbale dall'artista.

Ricapitolando: l'opera di cui è stato denunciato il furto è intitolata *Invisibile* – nel verbale non è scritto da nessuna parte che quest'opera fosse invece invisibile. Dunque, volendo iniziare ad avere a che fare con dei dati che possiamo ancora considerare attendibili, possiamo dire che si tratta di un'opera che voleva, molto probabilmente, solo evocare l'invisibile, fin dal suo titolo.

È anche il caso di notare che siamo venuti a saperne qualcosa, di quest'opera d'arte, solo in seguito alla denuncia della sua scomparsa che, fra le righe, ne attesta l'esistenza o, almeno, la lascia ipotizzare anche se ancora da accertare. Stiamo guardando a un'opera d'arte che nessuno aveva mai visto prima che ne venisse denunciata la scomparsa e neppure dopo che era stata sottratta al suo autore: tutti quanti l'hanno conosciuta esclusivamente tramite questo verbale.

Per di più, quest'opera d'arte, di cui è stato denunciato il furto, non è mai più stata ritrovata e tantomeno l'autore del furto è mai stato individuato. Dunque, anche se quest'opera aveva solo un titolo che evocava l'invisibile, in seguito alla denuncia del suo furto, invisibile lo è diventata di fatto e tale è rimasta, almeno da quando ne abbiamo saputo qualcosa.

Dunque, passo dopo passo, è inevitabile pensare che l'artista abbia semplicemente dichiarato di avere subito un furto, che invece ha simulato, per fare spazio a un'opera d'arte che non era mai esistita: solo dopo che è stato prodotto il verbale, quest'opera è venuta, paradossalmente, al mondo, nonostante la denuncia della sua scomparsa.

Il verbale è l'unica cosa che abbiamo o potremmo avere in mano ed è bene notare, per andare oltre, che è una "copia conforme all'originale" della denuncia depositata negli uffici della Questura di Forlì, per attestare il furto di un'opera d'arte.

Questa "copia" del verbale ha sostituito fin da subito il suo stesso originale, che non è mica l'opera d'arte intorno a cui si è montato un caso per nulla: già questo verbale non è che una copia. Una copia il cui originale, materialmente, non è che un verbale. Piuttosto, appare evidente che il verbale è l'unico atto e l'esclusivo spazio in cui quest'opera ha avuto origine e tramite cui si rende a noi presente: al pubblico non resta che guardare questa laconica denuncia che, con la potenza delle sue parole, produce la realtà di quest'opera *Invisibile*.

Che cosa succede nelle stanze
quando gli uomini se ne vanno?

Sono in una sala del Museo della Ceramica di Savona, già Monte di Pietà, di fronte a un'idria, una giara e una tulipaniera.

Di primo acchito, potrebbero sembrare i soliti vasi dell'antica tradizione ceramica di questo territorio – i modelli di riferimento sono evidenti e noti da secoli. Anche se questi tre vasi non sono decorati in alcun modo ovvero sono semplicemente bianchi e li ha progettati nel 2010 un artista, Alberto Garutti, in occasione dell'esposizione "Changer le monde avec un vase à fleurs" tenutasi al Musée de design et d'arts appliqués contemporains di Losanna.

Lo spettatore potrebbe anche pensare che questi vasi siano lì per offrirsi al suo sguardo e, invece, sono lì proprio per non farlo. Anzi, come avremo modo di scoprire, questi vasi fanno il contrario di quello che dovrebbero fare – non mostrano quello che effettivamente sono.

A ben vedere, però, questi vasi vogliono comunque farci sapere che non sono lì tanto per farsi guardare e che non è più questa la loro ragione d'essere.

Non per niente, quando entriamo in questa sala del museo, questi vasi rivolgono a noi una domanda: *Che cosa succede nelle stanze quando gli uomini se ne vanno?*

Grazie a questo titolo veniamo a conoscenza del fatto che l'opera avrà luogo quando noi ce ne saremo andati e quanto stiamo vedendo importa ben poco – non è l'opera ciò che stiamo guardando. E, non a caso, in questo museo della ceramica è il titolo l'unica traccia che abbiamo di quest'opera che si è sottratta al nostro sguardo.

Se non ci fosse il titolo non verremmo a sapere di questa opera che non possiamo vedere, ma grazie al suo titolo e alla domanda che ci pone, veniamo a conoscenza della nostra esclusione che è costituiva di questo lavoro.

Noi ci guardiamo intorno, in questa sala del museo, ma non serve più a niente essere uno spettatore se non per rendersi consapevoli che quanto ci sarebbe da vedere è semplicemente precluso a qualsiasi sguardo. Come se quest'opera volesse contraddire addirittura la funzione del museo: anche se questi vasi sono qui e dovrebbero essere esposti per essere visti, quanto sarebbe da vedere non si espone più allo sguardo dello spettatore al quale, fino a poco prima, le opere del museo erano rivolte. Anzi, è la sola opera d'arte, separatasi definitivamente dallo spettatore, ad essere l'esclusiva beneficiaria del museo.

Lo spettatore, per vedere quest'opera dovrebbe varcare la soglia del museo, ma solo quando è vietato farlo. Dovrebbe entrare nel museo solo quando questa sala è assolutamente al buio. Quando l'assenza di luce dovrebbe rendere impossibile vedere qualsiasi cosa, quale che sia. Solo allora lo spettatore potrebbe vedere quello che quest'opera è. Solo così, entrando furtivamente di notte, lo spettatore avrebbe modo di fare esperienza di quest'opera, realmente, facendo venire meno l'esclusione cui essa lo condanna. Solo allora l'opera rivelerebbe la sua realtà occulta e altrimenti inconoscibile. Solo allora verrebbe meno il suo segreto. E solo così lo spettatore potrebbe rispondere alla domanda che quest'opera gli pone, con il suo titolo – *Che cosa succede nelle stanze quando gli uomini se ne vanno?*.

In conclusione, lo spettatore dovrebbe profanare la liturgia del rito in cui quest'opera ha trovato dimora. Ecco che allora lo spazio di quest'opera, altrimenti invalicabile, mostrerebbe la sua realtà a quello spettatore che è stato interdetto. Solo così, lo spettatore potrebbe apprendere che questa

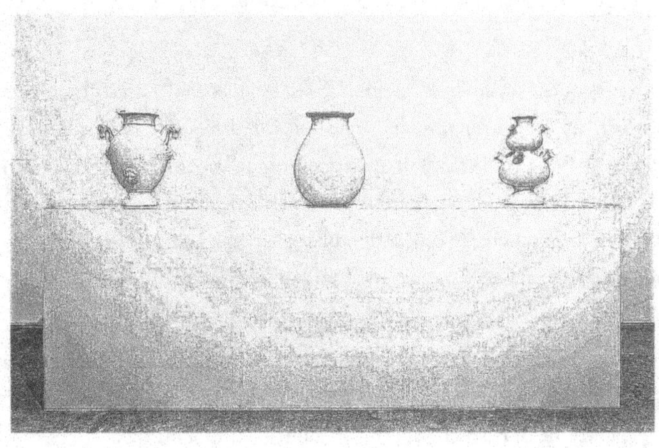

giara, questa idria e questa tulipaniera sono, fondamentalmente, dei parassiti, anche se di giorno e al pubblico non danno a vedere neppure ciò. Questi vasi, dunque, sono degli organismi che si nutrono di luce e questo è il punto: la luce l'assorbono durante l'orario di apertura del museo, quando le luci del museo sono accese per tutto il tempo, ed è una luce che questi vasi emanano poi, anche per ore e ore, ma quando le luci del museo sono spente e non è più prevista la presenza di un solo spettatore. Solo allora questi vasi luminescenti – che illuminano se stessi, di una luce bianca tendente al verde chiaro fosforescente – emergono dal buio più profondo, come dei fantasmi, delle idrie, giare e tulipaniere che furono.

Insomma, durante l'apertura del museo questi vasi sono esclusivamente esposti alla luce anziché allo spettatore ed è grazie a questa esposizione che si rigenerano per ogni notte a venire e diventano quello che sono. Ma ciò non potrebbe succedere se di giorno questi organismi non fossero esposti alla luce di cui hanno bisogno per potersi mostrare – solo a se stessi – in questo museo in cui hanno trovato riparo e in cui non danno spettacolo neppure a pochi eletti.

Rirkirt Titravanijia e l'"Arte Relazionale" degli Art Worker

Questa cucina, facilmente trasportabile, è dotata di un forno, una friggitrice e un impianto idraulico che fornisce l'acqua a lavelli, pentole elettriche e boiler. I suoi tempi di allestimento non superano i trenta minuti e un ciclo di cottura può assicurare il pasto per almeno duecento persone. È una Temporary Kitchen, una sorta di Gulaschkanone, come quelle cucine da campo con cui si prepara il rancio per i soldati ancora oggi.

Quanto ci interessa ora è che un artista, Rirkirt Tiravanijia, usi una Temporary Kitchen come questa nei musei d'arte contemporanea e che ormai lo abbia fatto innumerevoli volte, da circa vent'anni, per rendersi autonomo nella preparazione di pasti che si prodiga a offrire ai suoi ospiti.

I pasti che offre Tiravanijia, oltre che richiamare la miseria del rancio per i suoi mezzi di produzione, sono altrettanto simili, in tutto e per tutto, allo Street-Food che generalmente riempie dei suoi aromi le vie di Bangkok, mica le sale dei musei. Invece, questi banchetti vengono allestiti proprio nei luoghi di culto dell'arte. Vengono consumati, letteralmente e, al tempo stesso, sono manifestazioni dell'arte dei nostri giorni, nonostante richiamino sia il rancio sia lo Street-Food che conosciamo.

È bene evidenziare subito che negli anni Cinquanta e Sessanta del secolo scorso, gli Happening, apparentemente simili ai banchetti conviviali di Tiravanija, erano stati concepiti in nome di ben altri valori. Gli artisti che abbiamo conosciuto allora volevano liberarsi dal lavoro che sognavano di poter abolire. "Ne travaillez jamais" era il loro motto, ripetuto fino all'estenuazione. Negli Happening di allora, attraverso il rifiuto del lavoro – in particolare del mestiere del pittore e, conseguentemente, del ruolo dello spettatore – si perseguiva la liberazione dell'arte e la liberazione dell'uomo dal lavoro, pensando di accompagnare una rivoluzione a venire.

Oggigiorno, tali principi e valori non hanno più nulla a che fare con i banchetti di Tiravanijia. Le forme di liberazione dal lavoro e dall'arte sono state ereditate dagli Art Worker di oggi – come Tiravanijia – e si sono rese stanziali proprio in quei luoghi che gli artisti, con gli Happening allora promossi, avrebbero voluto lasciarsi alle spalle. Anzi, oggi un Art Worker come Tiravanija è giunto a mettere al lavoro, paradossalmente, lo stesso

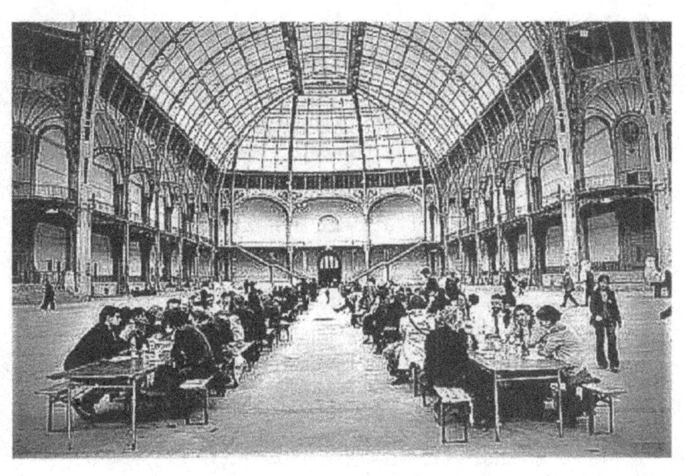

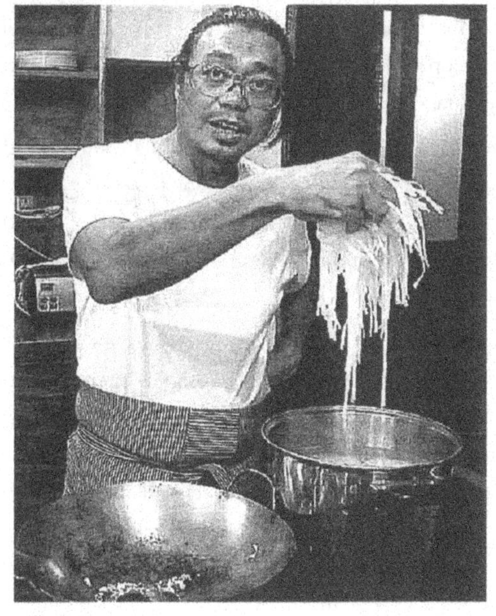

rifiuto del mestiere di pittore e così, anche il tempo liberato dal lavoro è scomparso, insieme al mestiere di pittore.

Per partecipare a un banchetto di Tiravanija, negli ultimi vent'anni, bisognava essere presenti, al momento giusto e al posto giusto ovvero al Musée d'Art Contemporain de Bordeaux, al Palais de Tokyo o al Musée d'Art Moderne a Parigi, ad Art Basel, al Whitney Museum o al Guggenheim Museum di New York, alla Serpentine Gallery di Londra, alla Secession di Vienna, al Museum of Contemporary Art di Miami, al Walker Art Center di Minneapolis, alla DeAppel Foundation di Amsterdam, oppure in gallerie sulla cresta dell'onda, ma anche nel circuito delle Biennials, a San Paolo, Lione, Sidney, Berlino, Venezia. Tanto per chiarire in quali spazi istituzionali questi banchetti hanno avuto luogo.

Si tratta di spazi che hanno filtrato, mediato e ordinato questi banchetti come manifestazioni dell'arte. Non a caso, intorno a questi banchetti ha continuato a riunirsi una comunità, sempre ben definita in nome dell'arte che voleva condividere e continuare a considerare come un comun denominatore – anche se queste manifestazioni non sarebbero viste come esempi d'arte, se si svolgessero al di fuori delle istituzioni che le hanno promosse.

In ogni caso si tratta di istituzioni in cui, prima di ogni altra cosa, si scambiano delle opere d'arte – anche se queste opere possono pure dissimulare la propria identità, come se non volessero farsi riconoscere.

L'artista continua a essere considerato tale dalla comunità cui appartiene e solo un Museo o una Biennale d'arte contemporanea possono tenere in custodia un banchetto conviviale che vuole essere tale e, al tempo stesso, non vuole far venire meno il proprio statuto di opera d'arte – i suoi esegeti non per niente l'hanno definita "Arte Relazionale".

Guardando un banchetto di Tiravanija, risulta essere certo che anche l'"Arte Relazionale" non è altro che un linguaggio in codice, accessibile solo a una determinata comunità e, conseguentemente, indecifrabile altrimenti. Come se l'arte venisse occultata in espressioni rituali che solo gli aderenti a una determinata comunità possano comprendere – come se l'arte fosse destinata a essere conosciuta e così vissuta solo da questa comunità, grazie a riti che dissimulano una realtà che, inverosimilmente, forse non è neppure più tanto chiara ai suoi adepti.

In ogni caso, si montano su dei banchetti nei musei d'arte contemporanea per fare spazio a delle opere. Anche se sembrano solo banchetti, bisogna saperlo che sono diventati, anzitutto, opere. Bisogna riconoscerle in quanto opere cui possiamo e dobbiamo attribuire un senso, anche se non presentano traccia visibile del loro status e sembrano semplicemente dei banchetti da condividere, nella migliore delle ipotesi, con coloro che erano spettatori e che non sono più nemmeno trattati in quanto tali.

Nonostante un banchetto di Tiravanija non abbia più nulla a che fare con un banchetto qualsiasi, la comunità dell'arte quando si riversa su uno di questi banchetti – non avendo altro da fare che mangiare del Pad Thai di noodles saltati in padella con verdure, tofu, uova, arachidi e carne – è sospinta a vivere nell'illusione che non ci sia altra mediazione se non quella di questo cibo, pure così esotico e povero, che si può consumare addirittura a scrocco, come di norma avviene ai Vernissage fatti come si deve e dove tutti mangiano, bevono e alcuni addirittura si abbuffano. Ma, è da sottolineare che si tratta di banchetti che vengono costruiti proprio per offrire agli Art Worker dei nostri giorni questa illusione: fra un'opera d'arte e l'altra, questo banchetto dà forma a un'opera d'arte – collettiva e "relazionale", così dicono e credono – che sembra funzionare, ingannevolmente, come uno spazio di ristoro dove effettuare una pausa, ai nostri giorni.

Invece, a dire il vero, tutti questi Art Worker, quando mangiano, bevono e si relazionano l'uno all'altro, durante un banchetto di Tiravanija, stanno facendo ciò in una sala espositiva di un museo, in un luogo deputato ad accogliere un genere particolare di segni. Anche l'opera di Tiravanija, fino a prova contraria, è uno di quei segni che bisogna assimilare a quegli altri segni particolari che hanno senso solo nei musei, non altrove. Dunque, si tratta di banchetti che rappresentano molto bene l'uso che questa comunità fa dell'arte, mica dello Street-Food, ai giorni nostri.

Alla fine, questa ricercata confusione fra segni e cose, opere e banchetti, sembra prodotta ad arte, come per farsi carico della condizione propria agli stessi Art Worker di oggi. Durante un simile banchetto, come abbiamo visto, ciò che viene meno è addirittura qualunque cosa possa essere contemplabile e questo risultato è voluto, affinché gli Art Worker si mettano in comune attraverso un pasto frugale e due chiacchiere; ma anche quello che è un pasto frugale e pure quelle che potrebbero sembrare parole al vento, dissimulano, fra aromi e piattini di carta, le relazioni professionali che questi Art Worker mettono sempre in campo e che qui trovano spazio grazie a un banchetto allestito da Tiravanijia.

Consapevoli o meno, sono tutti lì a condividere il proprio lavoro per seguire gli stessi ed esclusivi fini: non per niente, gli Art Worker passano il proprio tempo, ogni santo giorno, a fare di qualsiasi cosa un occasione del proprio lavoro. Questa attitudine degli Art Worker non trova più alcun limite. Ma qui e ora possono avere l'illusione di fare esperienza di una "convivialità" che per sua natura dovrebbe essere al di fuori della logica propria del lavoro. Eppure è proprio questa illusorietà del convivio il valore aggiunto, per non dire anche perverso, dell'opera di Tiravanija. Anche se questa "convivialità" non ha più nulla a che fare con la convivialità disinteressata e amicale, se non amorevole, di Ivan Illich, ma ha luogo in un museo dove gli Art Worker continuano a lavorare. È che sono più che soddisfatti di quanto stanno facendo e dei successi che stanno conseguendo, in un lavoro in cui hanno riversato pure la "convivialità" che hanno l'illusione di condividere in quanto tale. Ma, fortuna loro, gli Art Worker di oggi affrontano tutti quanti il proprio lavoro con grande passione e un totale coinvolgimento personale.

Dopotutto, un artista come Giuseppe Chiari ci aveva insegnato che – in ogni caso – "l'arte resta lavoro" e intorno a un banchetto questi "compagni" d'avventura mettono "il pane in comune", per avviare o stabilizzare oppure rafforzare le loro relazioni professionali. L'informalità, voluta, di un simile banchetto è una condizione ottimale per queste relazioni che sono sempre e soltanto relazioni di lavoro, anche se possono non sembrarlo. Gli Art Worker di oggi non conoscono altro. Non conoscono alternative al lavoro. Si realizzano lavorando. Addirittura, hanno messo tutta la loro vita a disposizione del lavoro. Lavorano ventiquattro ore al giorno e il più delle volte non si accorgono neppure di farlo.

Andreas e Mattia: persone come cose e cose come persone

Fra i cartoni. In un'automobile o in una roulotte. In spiaggia. Fra le barche. Sotto le tettoie dei bagni o in una tenda. In porto sulle barche tirate a secco. Nei parchi, sulle panchine, nei giardini sotto gli alberi o nelle aiuole. Nelle cabine delle fermate degli autobus. Sotto i portici. Nelle cabine con i sedili girevoli per le fototessere. In edifici abbandonati, diroccati o meno, in centro e in periferia. Nelle automobili parcheggiate. Nelle stazioni ferroviarie piccole e grandi, nelle sale d'aspetto, sulle rampe delle scale, sulle panchine, in biglietteria o sui marciapiedi dei binari. Nelle carrozze dei treni, sui binari e nei depositi. Negli ospedali, negli atri coperti e riscaldati del Pronto Soccorso di notte, di giorno invece negli ambulatori o nella piccola Cappella sempre dell'ospedale vicino alle macchinette del caffè, negli ascensori, nei corridoi, nelle aree di passaggio interne e in quelle esterne, lì dove ci si può mettere in disparte a fumare, sempre negli ospedali. Con il bastone, ma anche senza. È la vita di homeless, barboni e senzacasa, per dirla con marchi di fabbrica e più parole.

Questi homeless, barboni e senzacasa, a un certo punto abbiamo iniziato a incontrarli anche nelle case di ricchissimi collezionisti, a Milano, in salotti di palazzi in centro con il giardino anziché il cortile, fra fantastiche mise e riviste come *Toilette*. Anche qui, in queste case è possibile vedere qualcosa di simile, anche se è ben altro ancora.

Di fronte a un'ampia parete affrescata da Sol Lewitt vediamo sdraiati, dietro a un divano di Gaetano Pesce che marca a sua volta l'ambiente, quelli che sembrano due barboni, al fianco di una bella fotografia di Louis Lawler che ritrae un salotto come questo, in un gioco di specchi che fa definitivamente il punto della situazione.

Se i barboni che si riparano con i cartoni sono persone che a volte sembrano cose, ci sono anche cose che sembrano persone e in particolar modo barboni, anche se sono solo cose fatte di cappotti e cappucci sudici e a pezzi, pantaloni altrettanto lerci e a brandelli, scarpe usurate e sozze. È il caso di due cose come *Andreas e Mattia*.

Andreas e Mattia sono cose che sembrano barboni, dunque persone. Invece non sono persone ma cose – cose che mettono in scena una vita prossima a

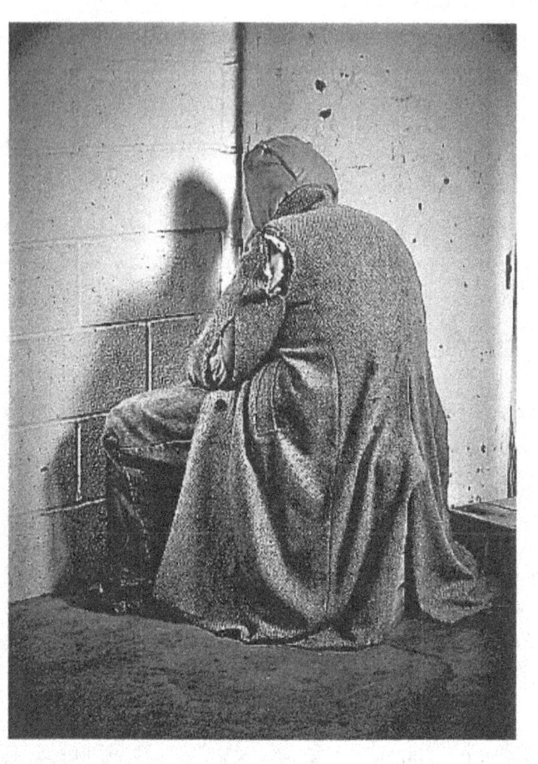

diventare una cosa fra le cose. Insomma, *Andreas e Mattia* sono già cose, ma fingono di essere persone prossime alla fine delle cose. Ma sono anche cose che si classificano come Lotti d'Asta. E *Andreas e Mattia* è un Lotto d'asta di Sotheby's del 2013, oltre che essere un'opera d'arte di Maurizio Cattelan in trasferta a Doha nel Qatar, che i padroni di casa si sono aggiudicati per un milione e duecentosessantacinquemila dollari.

Dall'iconoclasmo all'iconoclasmo profittevole

La carrozzeria della Ferrari Dino 308 GT4 è deformata, accartocciata, arricciata, perforata, la vernice frantumata in schegge taglienti. È un ammasso di ferraglie e vetri rotti. Tutto quanto è stato divelto. Portiere, capotta, cofano motore, vano bagagli, paraurti, parabrezza, tergicristalli, maniglie, finestrini, fari, fanali, cerchioni.

Chi ha compiuto lo scempio deve aver adoperato un martello, una mazzuola, una piccozza, chissà. Ma quale che sia l'attrezzo adoperato, in ogni caso lo ha usato come un'arma impropria, per sfigurare in uno spietato combattimento corpo a corpo un'automobile di lusso.

Abbiamo assistito a innumerevoli riti di profanazione, abbiamo visto ad esempio un Raffaello sfigurato a colpi di punteruolo e martello, ma abbiamo anche visto orde iconoclaste onocefale, armate di bastoni, spranghe di ferro, martelli e chiavi inglesi, scagliarsi contro gli idoli dei nostri giorni, demolendo e facendo saltare in aria qualsiasi merce. Abbiamo visto queste teste asinine, che incarnano l'eresia iconoclasta, sferrare un attacco sacrilego dopo l'altro a queste merci sacre e inviolabili, sottraendole alla loro funzione liturgica per farne dei rifiuti degni di una discarica.

Dunque, vedendo com'è ridotta questa Ferrari Dino 308 GT4, potremmo anche pensare che questa sia stata vandalizzata dalle solite orde di barbari, teppisti sbandati, miserabili, devianti. Potremmo dunque pensare che questa Ferrari sia stata distrutta da quel Lumpenproletariat sempre abbandonato a se stesso e, come sempre, straccione, poco raccomandabile, pericoloso, di cui diffidava pure Karl Marx. Invece, a scanso di equivoci, è bene chiarire fin da subito che l'autore di quest'opera di distruzione non è un vandalo e che quest'opera di distruzione non ha nulla a che fare con quella "marcescenza" di orde iconoclaste che abbiamo conosciuto e, tantomeno, con i loro fini già esaltati da innumerevoli "Cattivi Maestri". No, questa opera di distruzione, anche se potrebbe sembrare un'insurrezione contro le merci, per non dire un immane spreco – considerando il valore di mercato di una Ferrari – non è niente di tutto ciò.

L'autore di quest'opera di distruzione, Bertrand Lavier, è uno scultore, addirittura Chevalier des Arts et des Lettres de France e la sua opera di distruzione, oggi come oggi, non è più una forza opposta alla produzione delle merci. Anzi, Bertrand Lavier, distruggendo una Ferrari Dino 308 GT4 – anche se ha fatto venire meno la possibilità di usarla e consumarla materialmente – ha fatto crescere il suo valore economico e questa sua crescita è stata esponenziale: quest'ammasso di lamiere è stato venduto dal gallerista Yvon Lambert a un collezionista turco, per ben duecentocinquantamila dollari.

È molto probabile che questo collezionista abbia addirittura considerato un simile ammasso di lamiere come un segno di "distinzione sociale", per dirla con Pierre Bordieu, marcando con orgoglio il proprio status, ma nell'epoca del trionfo della "Lumpenborghesia" che ci ha fatto conoscere in modo esemplare Karel Kosík.

Al tempo stesso, è altrettanto importante notare quanto sia probabile che il collezionista abbia guardato a questo "rottame" d'autore come a una sorta di bene rifugio, anche se di primo acchito non è neppure possibile immaginare la discreta massa finanziaria che vi ha investito. Comunque il valore di questa carcassa – che un tempo non sarebbe stato altro che spazzatura – dovrebbe mantenersi stabile, a differenza di un'automobile che è destinata a soccombere alla propria obsolescenza. Ma quanto più importa è che per il collezionista esista pure la probabilità fondata che questo bene rifugio in

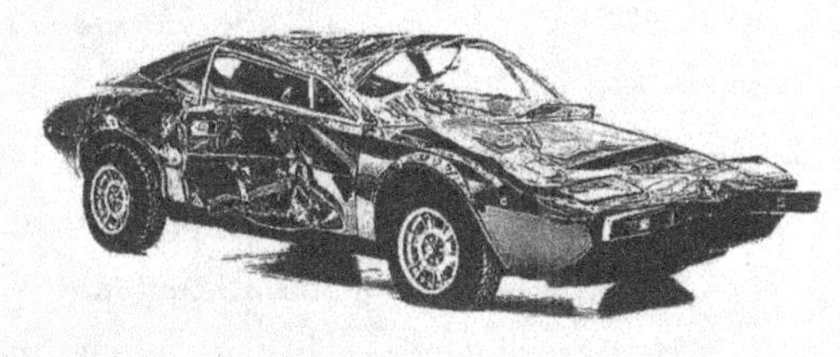

cui ha investito un piccolo gruzzolo sia anche una fonte di speculazione –
una "leva finanziaria" – e che il suo valore economico goda di un'ulteriore
crescita che possa permettergli di realizzare, in futuro, un profitto. Insomma,
il collezionista, oltre ad avere un debole per la contemplazione, è pure uno
speculatore che potrebbe voler far lievitare una somma di danaro. Dunque,
quando crederà opportuno farlo, potrà monetizzare questo ammasso di
ferraglia e vetri rotti, registrando pure qualche plusvalenza economica.

E pensare che un tempo, in un tempo di guerra, gli iconoclasti distruggevano
le icone affinché non venissero adorate: la distruzione degli idoli-merci ha
sempre azzerato qualsiasi valore e le opere di distruzione non è che abbiano
mai assunto un qualche altro valore. Bertand Lavier, invece, rovescia l'azione
iconoclasta – la distruzione dell'icona – nel suo contrario: distrugge un'icona
della merce, ma questa icona, distrutta, continua a esercitare il proprio ruolo
di icona, a uso e consumo degli iconoduli dei nostri giorni.

Oggi come oggi, l'opera di distruzione delle icone, promossa dagli iconoclasti, è stata fatta propria pure da coloro che continuano a voler essere adoratori delle icone, anche a costo di essere iconoclasti, per continuare a essere, paradossalmente, degli iconoduli. Insomma, l'iconoclastia è diventata uno strumento nelle mani degli stessi iconoduli che adorano le immagini cultuali.

Icone come quelle di Lavier ci mettono in contatto con la distruzione delle icone, facendo della distruzione delle icone proprio ciò che le stesse icone vogliono ospitare: si distruggono le icone della merce, ma queste icone, distrutte, continuano a esercitare il proprio ruolo di icona, a uso e consumo degli iconoduli dei nostri giorni.

Insomma, dal mondo delle icone non se ne esce, anche se sono icone della distruzione delle merci. Ma, così come non se ne esce dal mondo delle icone, non se ne esce neppure dal mondo delle merci, anche se sono state demolite – continuano a essere delle merci. Addirittura, oggigiorno si distruggono icone e merci per avere nuove icone e nuove merci che valgono più di quanto potrebbero valere se non fossero distrutte: le icone sono cambiate e, ora, queste icone celebrano la propria distruzione, rendendo profittevole lo stesso iconoclasmo.

La *Cloaca* delle icone

La pompa peristaltica comprime e aspira il cibo. Attraverso i lunghi tubi il cibo raggiunge il dissipatore per essere lacerato, tagliato, triturato. Già sminuzzato, il cibo viene accumulato nelle vasche di vetro. In questi Becher, alla temperatura costante di trentasette gradi, la miscela di enzimi e acidi trasforma il cibo in una poltiglia. Le contrazioni di una seconda pompa peristaltica pompano nei tubi questa poltiglia affinché raggiunga il reattore per essere aggredita dalla flora batterica che la fa fermentare. Una volta putrefatta, la poltiglia si liquefa e diventa una brodaglia lattescente e vischiosa che viene ancora spinta in un altro tubo dove viene trattenuta a lungo, anche sei o sette ore, fino a che si solidifica per dare forma alle feci che vengono estruse sul nastro trasportatore.

Queste feci sono sempre a forma di salsiccia e sono formate da grumi uniti tra loro. Oppure sono a forma di salame e presentano delle crepe sulla superficie e i bordi frastagliati. Altre volte le feci appaiono lisce e simili a bisce. Non si notano mai feci caprine, grumi duri separati tra loro, come noci o nocciole. La consistenza delle feci non è mai neanche poltacea e neppure semiliquida o addirittura acquosa.

Il dissipatore, le pompe peristaltiche, i Becher di vetro e i tubi di plastica, sistemati sui carrelli di brillante acciaio inox, funzionano alla perfezione e le stesse feci prodotte segnalano che la produzione si svolge regolarmente e che la macchina funziona a regime.

Questa macchina che produce feci ha anche un nome, si chiama *Cloaca* e Wim Delvoye, l'artista belga che l'ha realizzata in collaborazione con uno staff di scienziati dell'Università di Anversa, dal 2000 ad oggi l'ha presentata in innumerevoli musei d'arte contemporanea come il New Museum di New York, il Musée d'Art Contemporain Bordeaux, il Migros Museum di Zurigo, The Power Plant di Toronto, il Centro per l'Arte Contemporanea Luigi Pecci di Prato e il Casino Luxembourg, fra gli altri.

Cloaca viene mostrata al pubblico per dare spettacolo e suscitare meraviglia, proprio come gli androidi del XVIII secolo che camminavano, scrivevano, parlavano, suonavano e addirittura mangiavano e defecavano, per incantare gli ospiti di corte, durante celebrazioni ufficiali, cerimonie e banchetti.

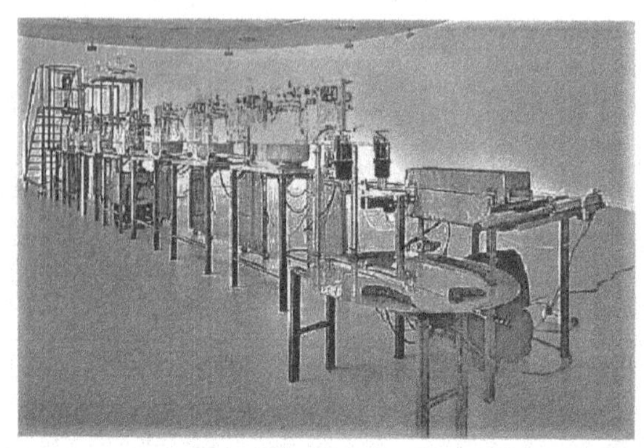

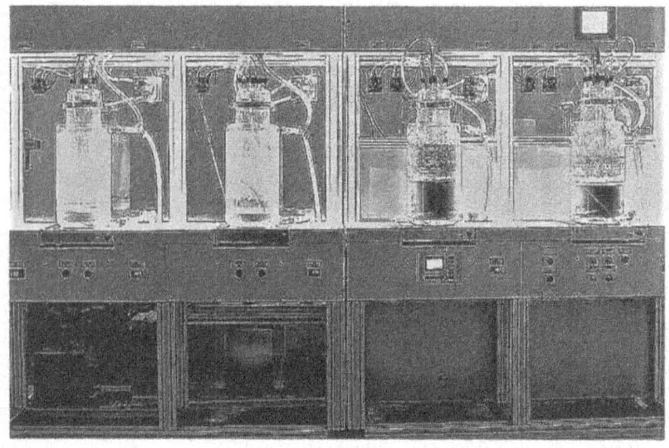

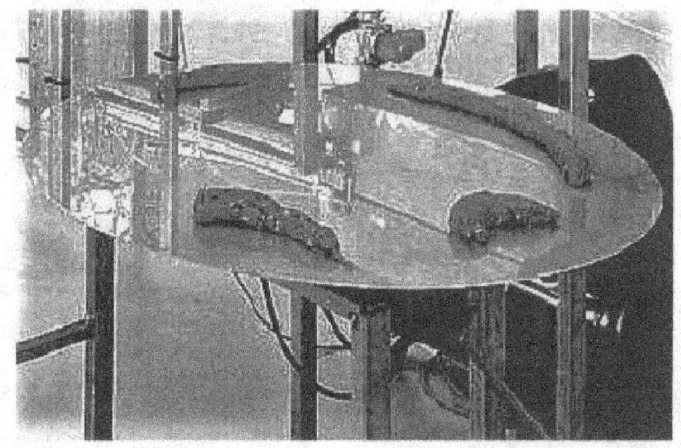

In ogni caso, nelle sale dei musei in cui *Cloaca* viene esposta al pubblico, si avverte la presenza inequivocabile e potente del flatus vocis delle feci, anche se è sempre in funzione un aspiratore.

Grazie a un ciclo produttivo che concatena operazioni parziali in tempi predefiniti, su una linea di montaggio memore dell'organizzazione del lavoro di stampo fordista e taylorista che abbiamo conosciuto nel Novecento, questa macchina ingurgita centoventicinque pasti al giorno e riesce a produrre nell'arco di ventiquattro ore fino a duecento chili di feci che hanno le stesse proprietà organolettiche di quelle umane, ma i numeri sono da grande serie e questi numeri fanno di *Cloaca* un erede esemplare dello sviluppo industriale, della scienza e della tecnologia al servizio di una produzione finalizzata alla cosiddetta "creazione di valore".

Cloaca replica il funzionamento dell'apparato digerente dell'uomo ma, al contrario dell'uomo, ingerisce il cibo al solo fine di produrre feci: le feci espulse da questa macchina non sono più degli scarti ma hanno un valore. Addirittura il ciclo produttivo messo in moto da *Cloaca* fa il suo corso, senza che ci siano più scarti di produzione, anche perché ora sono proprio le feci – quelle feci che un tempo erano degli scarti, per l'uomo – ad essere prodotte. Insomma, questa macchina fa sì che non ci siano che prodotti, anche se questi prodotti non sono che feci.

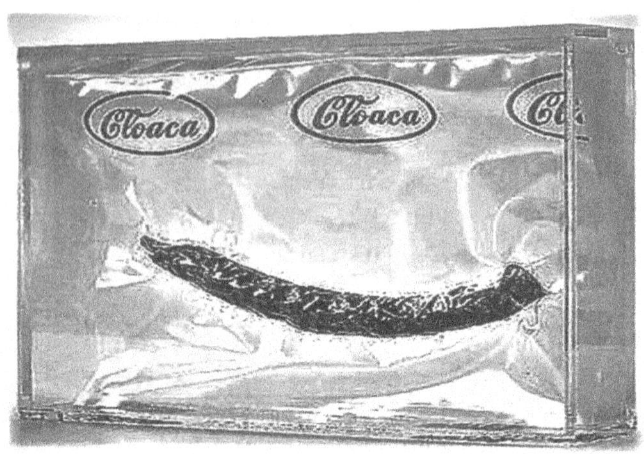

Anche se questa macchina produce solo feci, il ciclo produttivo continua a perseguire il consueto obiettivo principe della produzione di merci – ovvero la crescita esponenziale del valore economico investito nella produzione. Anche perché, al fine di creare e far crescere il valore, non importa quali siano le merci, che possono anche non essere altro che feci – l'importante è che si continui a creare e far crescere quel valore che è all'origine ed è il fine ultimo della produzione della merce.

Cloaca è riuscita a svalutare le opere d'arte e le merci, fino a farle diventare feci ma, al tempo stesso, ha pure fatto in modo che queste feci vengano valorizzate assolutamente come opere d'arte e come merci – l'imperante razionalizzazione economica dell'arte non viene certo meno. Anzi, l'economia dell'arte continua a funzionare a meraviglia. Ma, in un'economia che trasforma le opere d'arte in feci, le feci in merci e le merci in denaro, grazie a *Cloaca* il valore di opere d'arte, merci e feci è reso equivalente.

Quanto importa altrettanto è che questa macchina abbia ridotto l'uomo ad essere una sua appendice: l'uomo serve a *Cloaca* il cibo, poi raccoglie le feci dal nastro trasportatore per conservarle sottovuoto, in assenza di ossigeno, affinché si preservino in uno stato definito, perenne. E si tratta di feci prodotte da una macchina che potrebbe continuare a produrre feci pure dopo la scomparsa dell'uomo, solo che in assenza dell'uomo verrebbe meno il "valore di scambio" di queste feci, verrebbe meno l'unico valore che oggi è ancora condiviso dagli uomini che si scambiano le feci come opere d'arte e le opere d'arte come merci.

Le opere d'arte prodotte da *Cloaca* e che sono scambiate in forma di merce nei soliti luoghi di culto – nei musei, nelle case d'aste e nelle gallerie d'arte – rivelano in modo esemplare quanto sia aberrante il primato riservato a una razionalizzazione economica che ha come unico fine la trasformazione di qualsiasi cosa – quale che sia poco importa – in una merce.

Ma quanto più importa è che queste feci siano prodotte da una macchina e che siano "sovraumane": sono feci "acheropite", sono feci "non fatte dall'uomo", per fare nostre le parole dei teologi dell'immagine. Anche se un tempo, le prodigiose e sovraumane immagini acheropite – le immagini "non fatte dall'uomo", come il *Mandylion* e il *Velo di Veronica* – per i teologi e non solo, erano la prova tangibile che il Dio si era incarnato in un uomo e che l'uomo, dunque, era stato fatto a immagine e somiglianza di Dio.

Oggigiorno, invece, le immagini sovraumane e acheropite che abbiamo difronte, non sono certo le immagini di un uomo religioso che ha la pretesa di essere stato fatto a immagine e somiglianza di un Dio: anzi, sono icone prodotte da una macchina che ha addirittura sostituito l'uomo, in nome del nuovo idolo imperante – la merce.

Questo nuovo idolo ha realizzato il Paradiso in terra, ma ha dovuto trasformare la terra in un immenso cumulo di feci, sovraumane e acheropite, che vengono onorate come icone: anche se non sono altro che feci quelle che stiamo guardando, è l'idolo dei nostri giorni – la merce – che si affaccia da queste icone, da cui ci guarda a sua volta e ci giudica per quello che siamo diventati.

L'Idiota di Tristan Tzara e la dadaizzazione del mondo
in forma di merce

Il 12 dicembre 1920 alla Galerie Povolozky di Parigi, nel corso di una mostra di Francis Picabia, Tristan Tzara declama il suo "Dada manifeste sur l'amour faible et l'amour amer" che pubblica l'anno dopo *su La vie des lettres*.

In questo Manifesto, fra l'altro, Trista Tzara giunge a scrivere che "Dada lavora con tutte le sue forze all'instaurazione dell'idiota dovunque. Ma coscientemente. E tende lui stesso a diventarlo sempre di più".

Insomma, Trista Tzara guarda all'Idiota come a un modello di libertà che avrebbe voluto vedere trionfare in ogni dove. Anche perché, volendo diventare un Idiota, il nostro poeta cosmopolita di origine rumena, intendeva demolire se stesso, liberarsi da qualsiasi pensiero ovvero liberarsi di sé.

A un certo punto, questa preziosa dimensione dell'Idiota, un tempo ricercata ed esaltata da eccentrici artisti d'inizio secolo come Tristan Tzara, ha iniziato a essere un'opportunità per un esercito d'invasati e, finalmente, abbiamo assistito all'apoteosi dell'Idiota e la dadaizzazione del mondo ha trionfato.

In ogni caso, oggi come oggi, l'Idiota esaltato da Tristan Tzara viene soddisfatto come si deve, tenendo ben presenti i risultati che si vogliono ottenere. Il piatto è ricco. Anche se è stato necessario un lungo lavoro, alla fine il risultato è stato conseguito, in ogni dove, sbriciolando barriere di classe su e giù.

Al giorno d'oggi, tutti possono finalmente diventare come l'Idiota tanto desiderato da Tristan Tzara e dai suoi accoliti. Addirittura, oggigiorno l'Idiota è costruito su misura. Per creare legami stabili e relazioni proficue con questo Idiota. Per catturare e fidelizzare il solito Idiota. Per monetizzare la produzione sonante di chi è stato trasformato, nel corso dell'evoluzione della specie, in un Idiota.

Ovviamente, il comportamento dell'Idiota è meno che mai razionale. Ciononostante, il comportamento dell'Idiota di turno, ai nostri giorni, è indotto, alimentato ma, soprattutto è reso prevedibile e gestibile razionalmente, per essere conteso sul mercato. Insomma, oggi come oggi anche ciò che è irrazionale è riprodotto in quanto tale, razionalmente. Per indirizzare l'Idiota laddove si vuole che vada a finire. Per continuare a "creare valore", consumando questa sterminata massa di Idioti come più conviene.

Insomma, nessuno conosce così bene questo Idiota come le merci che continuano ad esercitare su di lui la loro suadente e subdola opera di seduzione. Addirittura, le merci, oltre che sapere quello che l'Idiota fa, sanno anche con certezza pressoché assoluta quello che l'Idiota farà. Dunque queste merci, oltre che voler essere guardate, guardano a loro volta l'Idiota, fino al punto di poter prevedere i suoi desideri, ed è questo il punto: oggi l'Idiota vive al cospetto delle merci che continuano a guardarlo, per indurlo a desiderare sempre più e senza fine, così come deve fare, appunto, un Idiota.

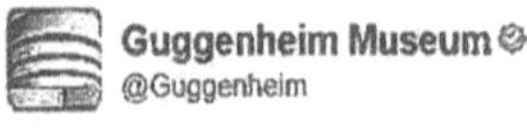

Are you sitting down? Maurizio #Cattelan: "America" opens tomorrow, 9/15, in one of the museum's public restrooms.

Visualizza traduzione

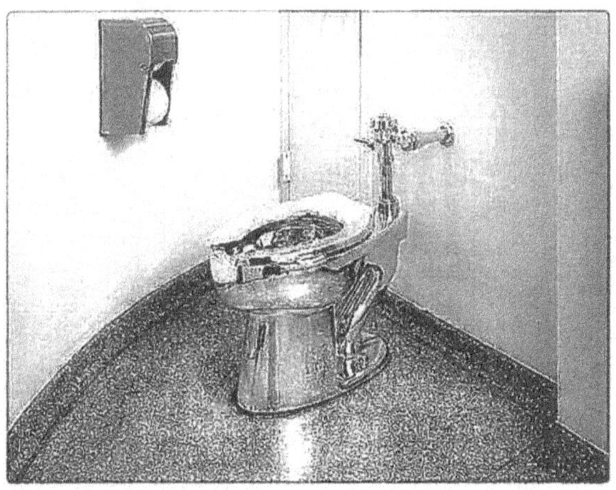

L'America di Maurizio Cattelan e l'autocontemplazione
dello spettatore

Il water era tutto d'oro a diciotto carati ed era stato installato in un bagno del Guggenheim Museum di New York dove voleva fare anche la parte dell'opera d'arte.

Anche se non tutti entravano al Guggenheim per vedere quest'opera che ha anche un titolo e un autore – era l'*America* di Maurizio Cattelan – appena scoprivano che potevano anche sedervisi sopra, la provavano ben volentieri, anche se non avevano più di novanta secondi a disposizione.

Per andare in bagno al Guggenheim, per finire in *America*, però, bisognava mettersi in coda, con pazienza e ordinatamente. Una lunga e ordinata fila indiana in cui si potevano scambiare tutt'al più due parole con chi capitava a tiro, in attesa del proprio turno.

La coda si rinnovava di continuo, non veniva mai meno, anche se, di tanto in tanto, c'era qualcuno che vi restava più a lungo, perché il water, ogni quindici minuti, veniva pulito dal personale di servizio con salviette mediche, vapore acqueo e sapone detergente, affinché il nobile metallo di cui era fatto non subisse l'ossidazione che l'urina a gettito continuo provoca.

Al rito promosso in *America* avevano preso parte circa tremila persone al giorno – al quinto piano del Guggenheim Museum di New York, per un anno di seguito, a partire dal settembre del 2016, si erano date il cambio su questo trono oltre centomila persone, a sentire Nancy Spector, Direttrice del Guggenheim, estasiata dal risultato ottenuto e che mai avrebbe potuto raggiungere senza il generoso e dispendioso supporto della solita cricca di complici che vi avevano investito quella che per loro era una bazzecola – anche se erano milioni e milioni di dollari – visto che continuano a scalare "The World's Billionaires List" di *Forbes* e di dollari in tasca ne hanno a miliardi. E, tanto per dire, fra coloro che avevano partecipato a questo Fondo comune di investimento vi era un gigante dell'industria della plastica su scala globale, che era salito alla ribalta qualche anno prima per aver donato all'Art Institute di Chicago una quarantina di opere, il cui valore era stato stimato in cinquecento milioni di dollari. Poi, uno dei più noti collezionisti d'arte contemporanea al mondo, un greco-cipriota che era attivo nel trasporto

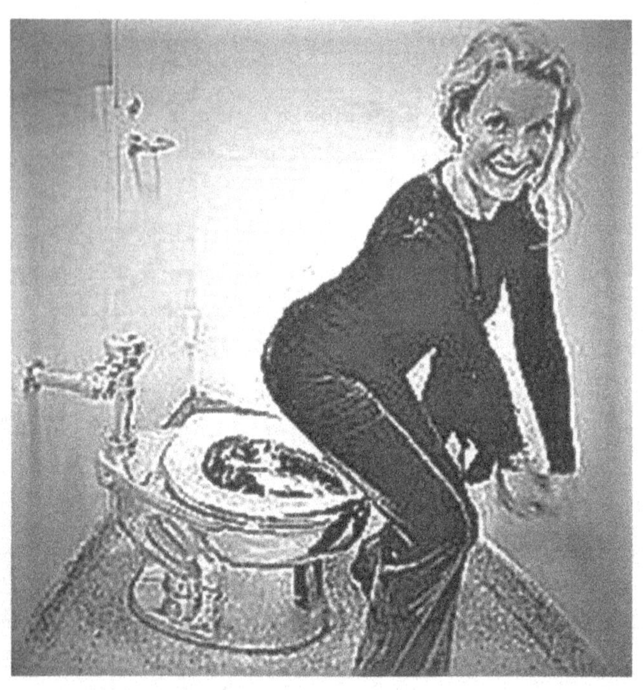

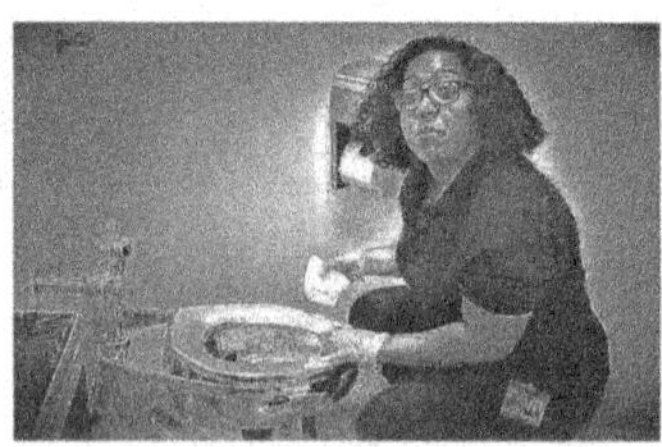

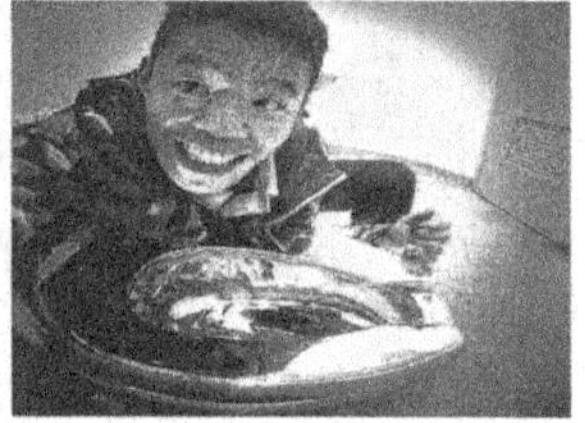

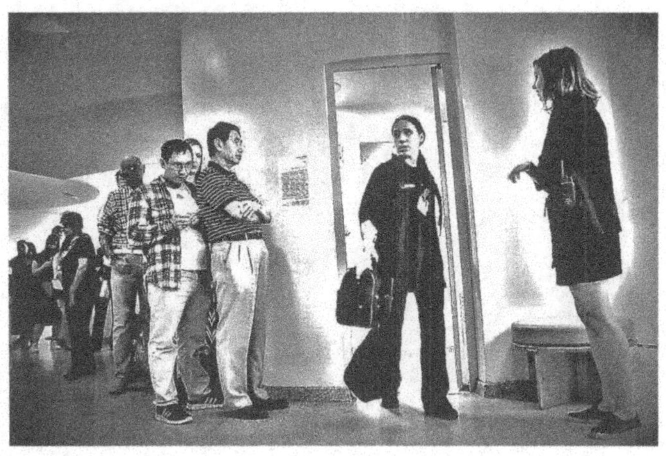

marittimo, nell'aviazione, nella costruzione e nella gestione di strutture alberghiere sempre su scala globale. Ancora, una facoltosa imprenditrice americana, attiva negli investimenti, nella consulenza alle Startup, nel marketing, nella comunicazione. Poi, un oligarca russo, fondatore della più grande banca commerciale del suo paese, proprietario di società petrolifere e di telecomunicazioni. Ancora, l'ex moglie di un altro oligarca russo, che nel frattempo si era risposata di nuovo, ma con un magnate greco.

Comunque tanto per ritornare a quanto ci interessa, è il caso di mettere in chiaro che in questo bagno del Guggenheim Museum non veniva consumata alcuna perversione e abiezione, non vi era alcun abuso o sopraffazione che potessero essere considerati tali per quella massa di oltre centomila "persone" che avevano avuto modo di avere anche fare con questo rito. È certo che non eravamo fra banchieri, vescovi, nobiluomini e gerarchi vari a Salò, nel *Girone della Merda* di Pier Paolo Pasolini, laddove le vittime venivano costrette a nutrirsi dei propri escrementi, anziché di riso, con il cucchiaino in mano, ma anche a quattro zampe. No. Qui, in *America*, gli spettatori non erano mica costretti a fare quanto andavano facendo e, meno che mai, erano invitati a ingurgitare le proprie o altrui feci.

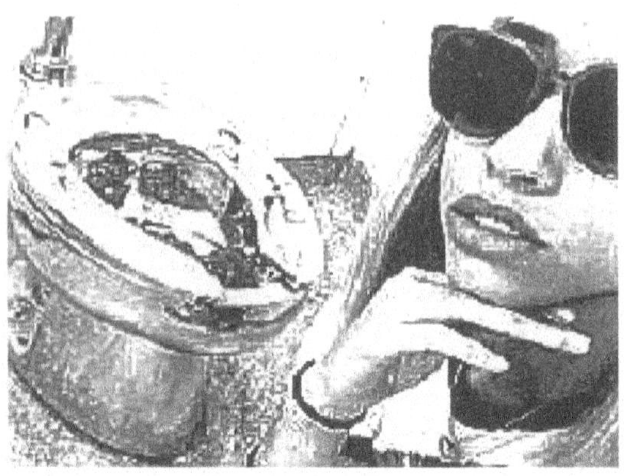

La liturgia montata su da *America* non aveva neppure niente a che fare con gli ultimi passi fatti dal Conte di Toulouse-Lautrec-Montfa per raggiungere la spiaggia e defecare, chino sulle ginocchia, per indignare il mondo che stava lasciando, devastato dalla sifilide, in uno stato di delirium tremens, così come lo abbiamo visto nella serie di fotografie scattate dal suo amico gallerista Maurice Joyant. No. In *America* non vi era neppure questa ostentazione consapevole della miseria dell'uomo e dello squallore della sua vita.

Questo rito non aveva nulla a che fare neppure con le feci del leader dell'Irish Republican Army, catapultato pure nel film *Hunger* di Steve McQueen – questo rito non aveva nulla a che fare con le feci con cui Bobby Sands aveva cosparso tutto il suo corpo ma anche le pareti della cella che lo conteneva, per fare di queste sue feci, ma anche del suo corpo e della sua cella, quelle che, a ragione, potrebbero esser definite delle armi improprie oltre che delle schifezze.

Il rito promosso da *America* non aveva neppure a che fare con il degradante rito che ruotava intorno al catino nell'angolo della cella, accanto alle brande su cui i detenuti, ancora sul finire degli anni Settanta, qui in Italia, si sedevano a scaricare il ventre, avvicendandosi come su un palcoscenico, tutti uguali gli uni agli altri, privati della propria intimità, per mostrare quello che erano diventati per sé e per gli altri, su questo "bugliolo" che abbiamo conosciuto in *Un'idea di libertà* dell'architetto urbanista Alberto Magnaghi.

In ogni caso, anche se gli spettatori potevano urinare e defecare in *America*, la loro urina o le loro feci non si erano mai viste né erano mai state al centro dell'attenzione di qualcuno. Dunque, questo rituale non aveva a che fare nemmeno con quanto si era permesso il Conte Piero Manzoni di Chiosca e Poggiolo, che si era fatto ritrarre in bagno mentre teneva in mano, con un certo orgoglio, la sua nota lattina piena di escrementi, per fare vedere come si fanno le opere d'arte che già allora erano equivalenti a merci e feci. No. *America*, non aveva neanche a che fare con ciò. Lo spettatore mica conservava le sue feci, come il Conte Piero. Anzi, lo spettatore, come conviene, dopo che era rimasto seduto su questo water, qualora vi avesse anche urinato e defecato dentro, avrebbe comunque azionato, ogni volta, lo sciacquone, per fare spazio ad un altro spettatore ancora.

Insomma, per comprendere quanto succedeva in *America*, è il caso di ritornare a guardare a quell'orinatoio che Marcel Duchamp aveva trasformato nel ready-made *Fountain*, mettendolo al centro del museo, laddove lo aveva sacralizzato, disponendovi intorno gli spettatori, in contemplazione.

L'eventuale minzione dello spettatore, che ai tempi di *Fountain* era stata inquadrata a ragione come un atto di profanazione, in *America*, al contrario, faceva parte di un nuovo rito liturgico grazie al quale veniva rinnovata l'appartenenza degli spettatori a una comunità che aveva messo in comune proprio ciò che voleva essere – oltre che un'opera d'arte – il water che era.

Comunque, anche se potremmo avere l'illusione che il water fosse tornato a essere un utensile utile per gli uomini, non è il caso di farsi trarre in inganno. Nonostante lo spettatore fosse di nuovo seduto sul water, quanto stava facendo era conforme a un rito promosso da un museo che aveva allargato il proprio spazio d'azione fino al bagno. In *America*, lo spettatore permaneva separato dal resto del mondo, nel recinto dello spazio liturgico dell'arte, laddove partecipava alla sua realizzazione, senza essere neanche spinto da bisogni fisiologici impellenti, bensì dalla semplice voglia di prendervi parte.

Lo spettatore era lì, più che altro, per potersi guardare, solo con se stesso, anche perché non capita tutti i giorni di poter sedere su un water d'oro, se non in un'opera d'arte, guardandosi mentre lo si sta facendo. Dunque, lo spettatore seduto su questo water d'oro, che funzionava pure come un trono se non come un altare, era lì per potersi autocontemplare mentre stava urinando, defecando o meno.

Lo spettatore faceva un tutt'uno con questo water su cui si autocontemplava, compiaciuto – il water era una parte, del tutto, di cui faceva parte anche lo spettatore e l'identificazione fra le parti era assoluta. Per di più, questa identificazione fra il water e lo spettatore in uno stato di autocontemplazione, era al tempo stesso intima e pubblica, come vedremo. Infatti, lo spettatore, non solo si autocontemplava nella sontuosa e cafona cornice materiale di questo bagno su cui si svolgeva il rito promosso da *America*, ma condivideva pubblicamente la propria autocontemplazione, grazie alle icone dei nostri giorni che hanno un nome noto a tutti – si chiamano "selfie". E di queste icone ne abbiamo viste a bizzeffe.

Grazie a queste icone, la separazione di ogni spettatore – dagli altri e dal mondo – raggiungeva il culmine e, addirittura, veniva condivisa in quanto tale: ogni spettatore esibiva la sua autocontemplazione agli altri spettatori che, a loro volta, si autocontemplavano e offrivano la propria autocontemplazione, in un mondo di sole icone.

C'era una volta America

A distanza di due anni dall'ultimo giorno in cui aveva avuto luogo il rito promosso al Guggenheim Museum, il water d'oro era stato dato in prestito per l'esposizione retrospettiva dell'artista, "Victory is not an Option", al Blenheim Palace, nelle campagne dello Yorkshire alle porte di Londra, in cui da alcuni anni Lord Edward Spencer Churchill, fratello del Duca di Marlborough, gestiva la sua Blenheim Art Foundation. E qui, in questa sfarzosa dimora nobiliare, il water d'oro era stato installato nell'elegante bagno rivestito in legno, adiacente alla camera da letto in cui nacque Winston Churchill.

L'esclusivo Vernissage dell'esposizione era stato riservato a giovani nobili, rampolli di ex famiglie reali, industriali della siderurgia, dell'automobile, del design, della cosmesi, della comunicazione, del Sauvignon Blanc e del Pinot

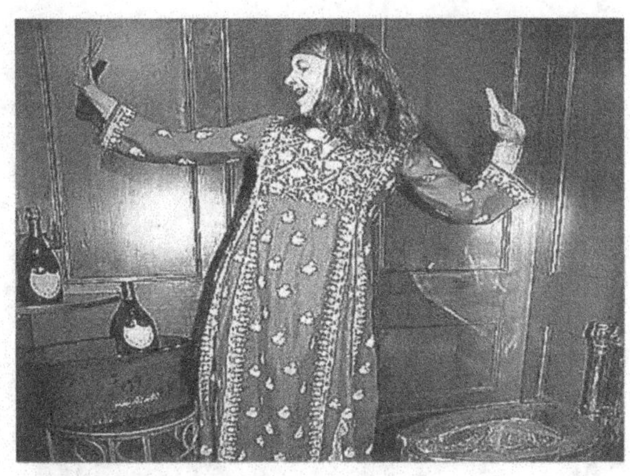

Noir, oltre che a un manipolo di modelle, ex modelle, Star della critica d'arte, del design e signore caritatevoli.

Questo Vernissage era stato un vero e proprio Party e aveva anche un nome – "Silence! The Opening" – e il nome era già tutto un programma: lor signori erano stati costretti dall'artista al silenzio, perché comunicassero solo a gesti e annotassero su dei taccuini quanto avrebbero voluto dire a voce.

Insomma, i quattro minuti e trentatré secondi – di silenzio – di John Cage, erano stati dilatati dall'artista fino ad estendersi per tutta la durata di un Party, anche se questo silenzio era costantemente intervallato dall'imperante sciacquone dell'eccezionale water d'oro su cui tutti quanti venivano invitati a sedersi, per farsi un selfie degno di questo nome, con un flûte di champagne offerto da Dom Perignon in una mano e uno smartphone nell'altra.

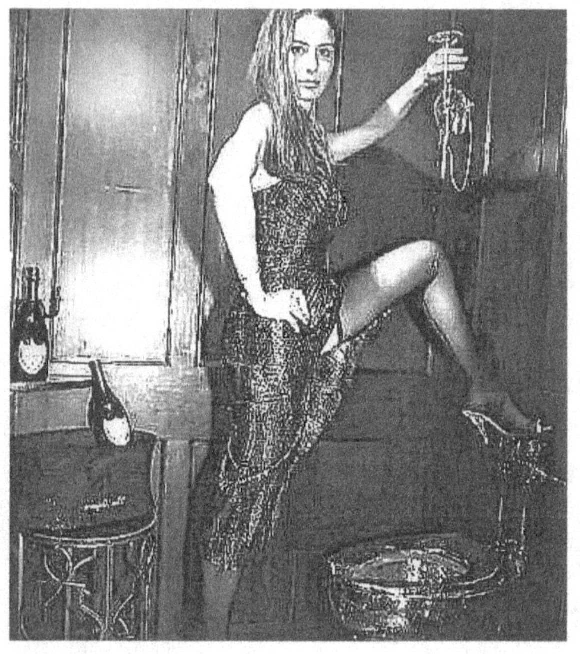

A dire il vero, il mitico silenzio veniva pure interrotto, di continuo, dal fragore delle bottiglie di Champagne che venivano stappate, dal tintinnio dei calici, ancora dallo sciacquio degli zampilli di urina che si riversano sulle pareti del water, dallo sciabordio dell'acqua che sgorgava dai rubinetti, dai colpi dei tacchi e tacchetti delle signore, dal cigolio di maniglie, dallo scricchiolio delle porte. Costanti erano pure i suoni sordi delle strette di mano, degli abbracci, i baci che schioccavano, gli strombettii di nasi colanti, i sospiri per l'affanno, gli sbuffi d'insofferenza, fra colpi di tosse anche violenti, risate soffocate, rigurgiti di stomaco, brontolii d'intestini, gorgoglii di ventri e il fruscio delle pagine dei taccuini sfogliati.

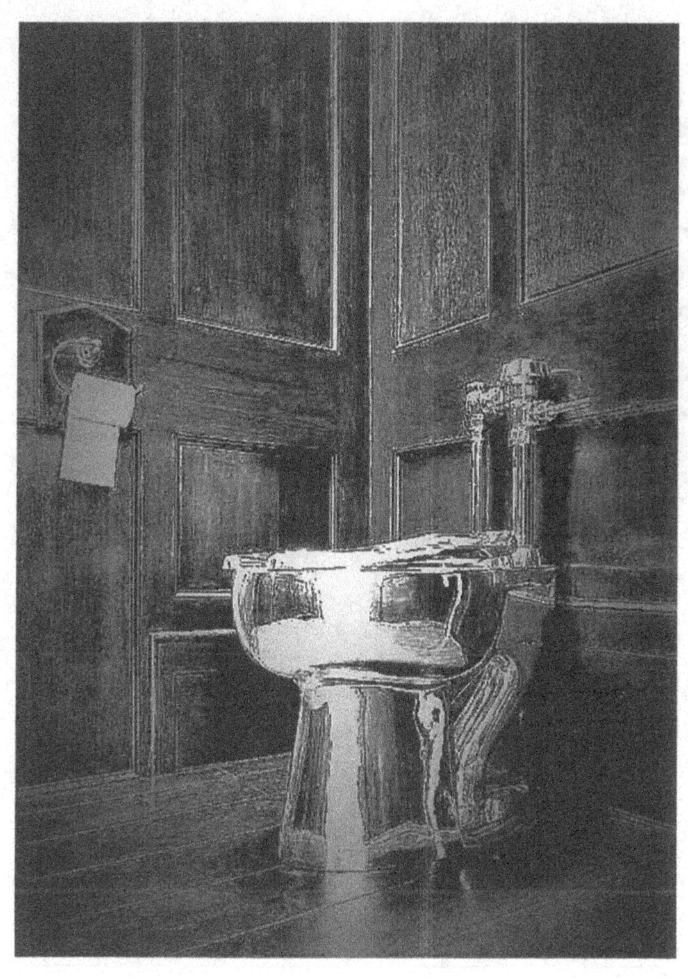

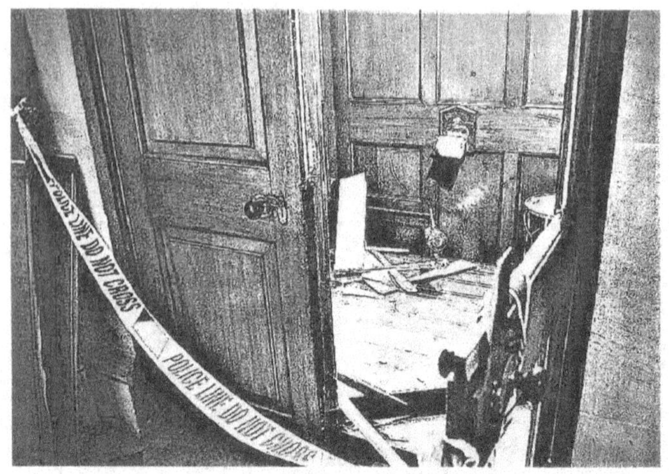

In ogni caso, quanto si aveva modo di ascoltare in questa dimensione, che era pur sempre ovattata e discreta anche se grottesca, era una sequenza di rumori cui in genere non si presta molta attenzione. Non per niente John Cage, in *4'33"*, aveva detto del silenzio per farci intendere che possiamo solo pensarlo ma, meno che mai, ascoltarlo, anche perché il silenzio a questo mondo non c'è. Ciononostante, Maurizio Cattelan aveva organizzato un Party intitolato al silenzio e, volente o nolente, non poteva che mostrare ben altro. Come un giullare delle corti d'altri tempi, aveva continuato a far trascorrere il tempo scherzosamente, facendo innumerevoli linguacce, ma aveva anche intrattenuto gli invitati con artisti di strada, grafologi, ritrattisti, astrologi e silhouettisti che a loro volta avevano dovuto rispettare la regola del silenzio in onore di questo coacervo di signori che continuavano a recitare la parte dei magnifici Idioti, esprimendosi a gesti.

All'indomani dell'esclusivo Party riservato a pochi eletti, la Fondazione aveva previsto che chiunque – sganciando le ventisette sterline dovute per l'ingresso a Palazzo – avrebbe potuto fare un tutt'uno con la grande attrazione, il water d'oro, addirittura per tre minuti, e anche per questa mirabile opportunità le prenotazioni erano già giunte a frotte. Insomma, la

Fondazione aveva deciso che questo water dovesse essere alla portata, più o meno, di tutti e in particolare di coloro che avevano consuetudine con le mostre, così come era già avvenuto al Guggenheim. Ma, quanto più importa è che fra i "precetti" elencati nel "decalogo" di *America*, venisse stabilito, fra l'altro, che solo una persona alla volta potesse entrare in bagno e che questa fosse invitata, oltre che ad obbedire, a farsi un selfie e a condividerlo con gli hashtag #americaatblenheim e #cattelanatblenheim.

Tuttavia questi signori non avevano fatto i conti con l' "imprevisto" che a volte può cambiare, se non la storia, il destino di un'opera d'arte, ed è quanto è poi successo proprio ad *America*, in modo a dir poco inaspettato. Infatti, già all'indomani del Party, eravamo venuti a sapere dai media che, nottetempo, un manipolo di ladri era riuscito a eludere la vigilanza del palazzo che è patrimonio dell'Unesco ed era stracolmo di opere d'arte e beni di lusso destinati alla "pubblica reverenza". E pensare che alla vigilia dell'apertura dell'esposizione, Edward Spencer-Churchill – dopo aver affermato che nonostante fosse nato con un cucchiaio d'argento in bocca, mai era riuscito ad usare una toilette d'oro e perciò non vedeva l'ora di poterlo fare – aveva anche annunciato che la Blenheim Art Foundation non sarebbe ricorsa a chissà che sistema di sorveglianza per *America*, in ragione della Privacy degli spettatori che non poteva mica essere violata dalle telecamere mentre stavano urinando o addirittura defecando: tanto per chiarire, altra cosa sono i selfie che hanno a che fare con l'autorappresentazione e il libero arbitrio del singolo spettatore. Eppoi, il palazzo era dotato di un sofisticato sistema di sicurezza e questo era considerato più che sufficiente come deterrente per qualsiasi malintenzionato.

All'indomani del misfatto, invece, l'Amministratore Delegato della Blenheim Art Foundation, Dominic Hare, si ritrovava a dover dichiarare alla BBC che non aveva memoria di un solo furto che fosse stato commesso a Blenheim Palace e considerava incredibile che un oggetto così prezioso ed elitario fosse stato rubato proprio quando era stato reso accessibile, potenzialmente, a tutti. Comunque, aveva anche tenuto a precisare che tutti coloro che avevano acquistato il biglietto d'ingresso e prenotato un turno in bagno sarebbero stati rimborsati. Ma, aveva pure aggiunto che sperava, pur essendo alquanto scettico, che i colpevoli e la preziosa opera d'arte venissero individuati e che questo furto avrebbe immortalato il lavoro dell'artista.

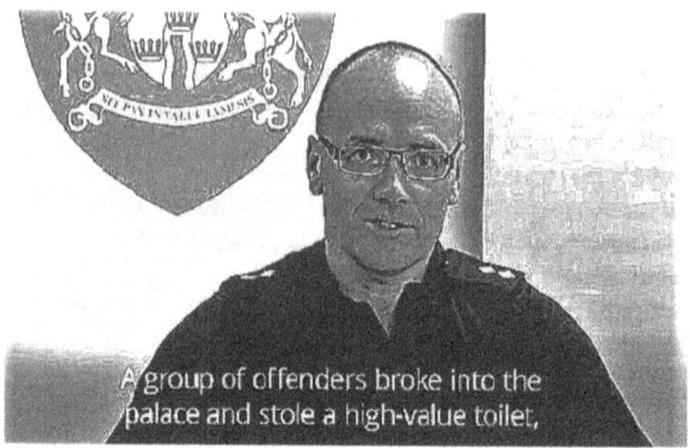

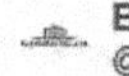

Blenheim Palace
@BlenheimPalace

OFFICIAL STATEMENT

Following the Thames Valley Police statement we can confirm 'America', the art piece by Maurizio Cattelan has been stolen in the early hours of this morning.

We are saddened by this extraordinary event, but also relieved no-one was hurt.

♡ 219   6:02 pm - 14 सित° 2019

♡ 193 लोग इस बारे में बात कर रहे हैं

Attraverso la CNN, invece, venivamo a sapere che la compagnia assicurativa del Blenheim Palace, la Fine Art Specie Adjusters Ltd, offriva una ricompensa di centomila sterline a chiunque avesse fornito informazioni che portassero al recupero di *America*.

Il portavoce del Dipartimento di Polizia della Thames Valley, l'Ispettore Richard Nicholls, nel corso di una conferenza stampa convocata seduta stante, comunicava che il water d'oro era stato rubato in quattro e quattr'otto, poche ore dopo la fine del Party, intorno alle cinque del mattino, e ricordava che i ladri avevano avuto ben sei mesi per pianificare il furto: l'arrivo del water nello Yorkshire era stato annunciato dalla Blenheim Art Foundation alla grande, fin dal mese di maggio, per promuovere adeguatamente lo straordinario evento che avrebbe avuto luogo. L'Ispettore di Polizia riferiva pure che uno dei cancelli d'ingresso in ferro battuto del Blenheim Palace era stato sfondato da un commando di cinque ladri che era sopraggiunto a palazzo a bordo di due veicoli. Le telecamere del circuito di videosorveglianza avevano ripreso chiaramente una delle due auto, una Volkswagen Golf R Blu Navy che aveva la targa clonata – FP66 – e tre ladri, vestiti con abiti scuri e passamontagna, che erano scesi dalle macchine per introdursi a palazzo, mentre gli altri due erano rimasti al volante, per essere pronti a una rapida fuga.

Il portavoce della Polizia riferiva pure che alcune porte erano state forzate e la vetrata di una finestra era stata infranta. Insomma, sembra che i ladri fossero entrati nel palazzo solo ed esclusivamente per prelevare il prezioso water che erano riusciti a strappare brutalmente a forza, dal pavimento e dalla parete in legno cui era stato fissato, allagando le stanze adiacenti al bagno. L'Ufficio Stampa del Blenheim Palace annunciava invece su Twitter, poco dopo il clamoroso furto, che il palazzo sarebbe rimasto chiuso per due giorni, per far riparare le tubature idrauliche e per effettuare tutti i rilievi investigativi del caso.

Sempre in quei giorni, attraverso i media si era venuti anche a sapere che la Polizia sospettava che la scomparsa del water potesse essere collegato ad un altro furto commesso pochi giorni prima dell'irruzione al Blenheim Palace, a poco più di trenta miglia di distanza ovvero al Sudeley Castle, nel Gloucestershire, laddove erano stati trafugati inestimabili cimeli della Collezione di Alice Kappel, l'amante del Re Edoardo VII.

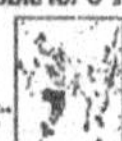
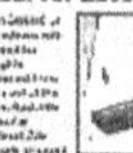
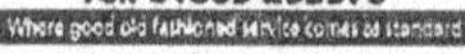
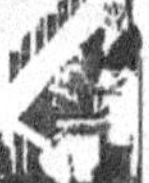
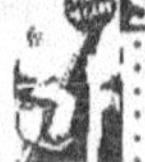

READ BY 74,896 PEOPLE IN PRINT AND ONLINE EVERY DAY
Oxford Mail
oxfordmail.co.uk
72p
NO REGRETS
BLENHEIM HEIST: As man is arrested over theft of £5m golden toilet, palace chief says it was worth the risk of displaying artwork to the public
Spot-on Henry at the double for U's
Record breaking year for abseilers
Hundreds take on Pretty Muddy run
Shire Mobility Ltd
Visit our Website at:
www.shiremobility.co.uk
11 Crown Walk, Bicester, OX26 6HY
Tel: 01869 253976
Where good old fashioned service comes as standard
STAIRLIFTS
Straight Stairs
Curved Stairs
New or Reconditioned
Service and repairs
Free survey and quotation
Buy with confidence

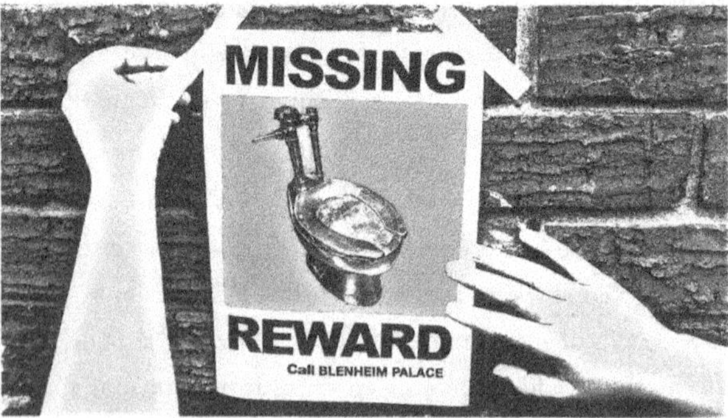

MISSING
REWARD
Call BLENHEIM PALACE

A questo proposito, eravamo venuti a sapere da innumerevoli media che nel corso delle indagini un uomo di sessantasei anni, un altro di trentacinque, un altro ancora di trentaquattro, ma anche una donna di trentasei anni, erano stati fermati per poi essere rilasciati. Altri media riferivano di un quinto individuo ancora, di trentasei anni, che era stato a sua volta fermato e rilasciato. Tutti quanti erano stati "fermati", ma la Polizia non aveva alcun indizio da far valere per ritenerli responsabili di questi furti, bensì li sospettava solo in base a suggestioni e supposizioni derivate dal loro status di "delinquenti abituali", residenti a qualche miglia dai luoghi in cui erano stati consumati questi reati.

Grazie al *New York Times* erano venute a galla altre chicche ancora, a proposito del furto commesso nella piccola Woodstock dello Yorkshire, laddove si era tenuta l'esposizione di Maurizio Cattelan – che non è da confondere con la leggendaria e omonima Woodstock americana del Festival rock degli hippie e di quintali di cannabis e LSD. Dunque, il quotidiano newyorkese, in un reportage dallo Yorkshire riferiva di un Take-away di fish and chips che aveva cavalcato l'evento, ovvero le notiziole e i "fattoidi" dell'occasione, piazzando a ridosso della sua vetrina una terrificante replica del water in plastica verniciata a spruzzo. In paese poi, erano comparsi lì e là le sagome del water tracciate sui muri da chissà quale improvvisato street-artist, ma anche delle locandine che ritraevano il water d'oro marchiato con la scritta "Missing - Reward - Call Blenheim Palace". Insomma, questo furto era riuscito a scatenare anche una facile ilarità con cui si sfamava, non solo, il cosiddetto "uomo della strada".

Il blablablà generato da *America* pareva infinito e così Fox News aveva pure sparso la voce che il water fosse stato ritrovato, ma poi era giunta una smentita, mentre il *Daily Mail* ipotizzava che lo stesso Cattelan potesse essere il mandante del furto, ma anche questa notizia era stata screditata e non se ne era più parlato. Nel frattempo, si era venuti anche a sapere, dal *Washington Post,* che le forze dell'ordine erano impegnate nelle indagini a tambur battente, per recuperare questo benedetto water e individuare tutti i responsabili del furto. Mentre il quotidiano locale, l'*Oxford Mail*, liquidava la faccenda in modo perentorio, piazzando in prima pagina il water d'oro rubato, accompagnato da due parole fin troppo tranchant – "No Regrets".

America, già ai tempi della sua esposizione al Guggenheim aveva beneficiato di un'ampia attenzione da parte di quei media che in genere non prestano grande attenzione all'arte contemporanea, ma il clamoroso furto di cui era stata vittima aveva fatto sì che ottenesse più spazio ancora. Insomma, quest'arte contemporanea, che aveva trascorso un secolo a implodere in se stessa, con *America* fuoriusciva finalmente da sé, ma per distinguersi come una sorta di esilarante intermezzo comico.

In ogni caso, *America* suscitava più che altro perplessità, se non incredulità, e ciò avveniva in ragione del suo abnorme valore economico che faceva il paio con la propria assurdità – anche se, a dire il vero, quest'"assurdità" poteva risultare tale solo a chi non aveva familiarità con l'arte contemporanea e non era a conoscenza del suo stato di salute, che è quello proprio di un malato terminale al tempo stesso inesauribile, su cui continuare a speculare, accanitamente, ma ridendo sotto i baffi.

L'artista, rimanendo fedele alla maschera che indossava da una vita, aveva preso il furto di *America* appunto sul ridere, facendo le solite battute di scherno in risposta a quanto era avvenuto. Addirittura, si era divertito a sbeffeggiare i ladri con un modo di fare che faceva di nuovo ventilare il sospetto che, in realtà, non fosse successo niente che fosse vero e che quanto si era letto nei vari tweet oltre che su quotidiani e riviste, non fosse altro che uno storytelling ben orchestrato che scadeva volutamente su registri comici, ironici se non sarcastici.

Pronunciando una sciocchezza dopo l'altra, l'artista si era premurato di riferire, al quotidiano *The Guardian*, che ai tempi del rito da lui montato su al Guggenheim, era riuscito a utilizzare il suo water una sola volta – a suo dire, la coda per andare in bagno era sempre troppo lunga. Invece al Blenheim Palace non aveva fatto in tempo ad andarci: non per niente, non era noto alcun selfie che ritraesse l'artista seduto, sbracato o meno, nel bagno della residenza nobiliare. Poi, l'artista, con uno dei suoi tweet aveva fatto pure un appello ai ladri a cui aveva chiesto se il water fosse di loro gradimento e cosa si provava a urinare sull'oro. Al *Telegraph*, invece, aveva pure detto che la velocità con cui era stato eseguito il furto gli dava la certezza che fosse stato commesso da grandi "interpreti" e, sempre scherzando, si era congratulato con i ladri che aveva elogiato giungendo a dire che erano loro i "veri artisti".

Mentre crescevano i timori che il water potesse essere già stato sciolto, l'artista aveva anche riferito al *New Yok Times* che avrebbe voluto tanto che questo furto fosse solo uno scherzo e che, in ogni caso, sperava che il water fosse stato installato di nuovo nel bagno di qualcuno e che venisse usato anziché essere fuso.

Ancora in quei giorni poi, un tweet dell'account di Blenheim Palace riportava fra virgolette un'altra dichiarazione, sempre dello stesso Cattelan: "Who's so stupid to steal a toilet? America was the 1% for the 99%, and I hope it still is. I want to be positive and think the robbery is a kind of Robin Hood-inspired action…". Insomma, Cattelan ci faceva sapere di sperare in un Robin Hood che alzasse ulteriormente la posta in gioco e in sua vece, proponendo la sua opera come un'esemplare forma di "socializzazione della ricchezza" ovvero come uno straordinario "bene comune" che, in modo alquanto cinico quanto beffardo, faceva pure riecheggiare nelle orecchie una frase, lapidaria quanto rivoluzionaria invece, di un Lenin che nel 1921 – memore forse dei suoi trascorsi al Cabaret Voltaire di Zurigo, resi noti da Dominique Noguez – scriveva su la *Pravda* nientepopodimeno che "quando saremo vittoriosi su scala mondiale, penso che useremo l'oro allo scopo di costruire bagni pubblici nelle strade di alcune delle più grandi città del mondo." Per farla breve e col senno del poi, è proprio vero che "la storia si ripete sempre due volte: la prima volta come tragedia, la seconda come farsa.", per dirla con Karl Marx. Dunque, ci tocca avere a che fare con entrambe e ora, con questo tweet eravamo giunti alla farsa, ma oltre che sulla Rivoluzione di Lenin avremmo potuto anche pensare di mettere una bella pietra sopra l'*America* di Cattelan. Dopotutto, per quanto ne sappiamo, solo la schiera degli eletti del "Silent Party" aveva ancora fatto in tempo ad autocontemplarsi e a farsi un selfie in *America* e gli ultimi che avevano visto questo water, in carne e ossa, cioè dal vivo, dovrebbero essere stati questi fantomatici ladri.

Anche se non abbiamo mai avuto certezza alcuna su chi avesse rubato il water, eravamo comunque certi che questi ladri non lo avessero rubato perché era un'opera d'arte e neppure perché era un trono da cui veniva officiato un rito, anche se in ragione di questo furto era venuta meno sia l'opera d'arte che il rito, cui questo water dava luogo – questi effetti non potevano essere che collaterali, perché il water dovrebbe essere stato rubato in quanto era tutto d'oro, a diciotto carati. Non per niente, fin da subito era stato previsto, da più fonti, che del corpo del reato non sarebbe rimasta alcuna traccia. Dunque, questi ladri dovrebbero aver commesso questo memorabile ed esilarante furto con scasso e destrezza per macchiarsi di un altro reato ancora: il corpo del reato dovrebbero averlo riciclato, per liberare l'oro di *America* da quei vili metalli con cui era stato mischiato per renderlo resistente all'uso cui era destinato.

Per organizzare il furto con scasso e destrezza, oltre che il suo fondamentale riciclaggio, c'era chi dovrebbe aver messo in piedi una vera e propria associazione a delinquere e chi potrebbe avervi semplicemente partecipato, su uno o più fronti: dovrebbero esserci state le menti e le braccia e, allora, oltre agli scaltri ladri, dovrebbero essere stati necessari pure degli abili artigiani d'altri tempi, in grado di "saper fare", ma propensi pure al malaffare. A un certo punto, questi artigiani potrebbero essere entrati in campo, con le proprie competenze e mezzi, indispensabili per riciclare questo water, pesante centotré chili, liquefacendolo letteralmente, al fine di ottenere dalla sua fusione circa settantacinque chili in lingotti d'oro a ventiquattro carati, da far ricettare o acquistare incautamente. E, tanto per dire, quell'anno la quotazione dell'oro si aggirava intorno ai quarantadue euro e cinquanta centesimi al grammo. E che il valore di *America* fosse stato stimato in sei milioni di euro e che fosse inevitabilmente superiore al valore dell'oro con cui era stata fatta, a questi ladri, molto probabilmente, non importava un bel niente: a differenza di *America*, dei lingotti d'oro se ne sarebbero sbarazzati facilmente e, senza tante menate, ne avrebbero potuto ricavare un bel malloppo, ed è questo il punto. Ma, come abbiamo potuto rilevare, di fatto ne siamo venuti a sapere ben poco del furto e la storietta che passava da un mezzo d'informazione all'altro non era fatta che di ipotesi suggestive, che facevano aleggiare questo furto in un grottesco mistero.

In ogni caso, dopo che avevamo letto decine di articoli, messaggi e stupidaggini in ogni dove – ovviamente anche sui più prestigiosi quotidiani italiani – eravamo venuti pure a sapere, di nuovo inaspettatamente, a distanza di un paio di mesi, che le dichiarazioni scanzonate e insolenti, che Maurizio Cattelan aveva rilasciato a man bassa, avevano validi motivi alle spalle ed erano più che ben fondate.

Anche se *America* forse era scomparsa in una serie di anonimi e preziosi lingotti d'oro, comunque, non era venuta meno – *America*, anziché soccombere definitivamente al furto commesso al Blenheim Palace, era addirittura riapparsa in una rinnovata icona che aveva trovato il suo

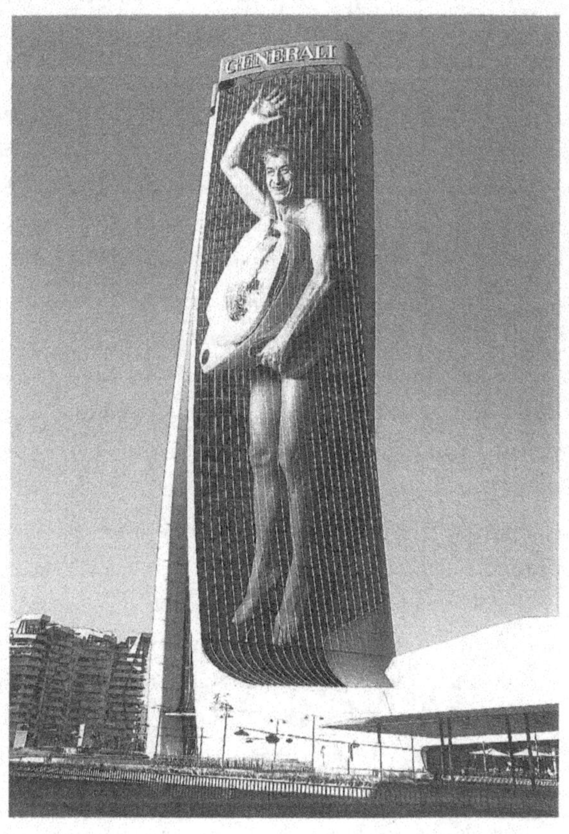

fondamento proprio nel furto del water d'oro. Infatti, dopo la sua scomparsa, avevamo avuto modo di vedere un'icona da cui si affacciava finalmente anche lo stesso artista, mentre correva via nudo con il water rubato sottobraccio. Anche se l'artista dava l'impressione che volesse fuggire, paradossalmente, dallo stesso campo dell'inverosimile icona da cui si affacciava avvinghiato a quello che era diventato anche un corpo di reato.

Ovviamente questa nuova icona – realizzata da Maurizio Cattelan con quell'Oliviero Toscani che avevamo conosciuto circa vent'anni prima, ai tempi della Biennale di Tirana – non era mica fine a se stessa. Anzi, *America* era divenuta l'icona di una nuova merce ancora, ma della compagnia di assicurazioni Generali e, in particolare, di un immateriale prodotto assicurativo che, il caso vuole, si prende proprio cura dei furti e dei danni e delle sparizioni che possono subire le opere d'arte.

Una delle riproduzioni di questa icona – la più eclatante e maestosa – rivestiva, in un rendering iperrealistico quanto inverosimile, un'intera facciata della Torre Hadid, alta circa duecento metri, nell'avveniristica City Life di Milano, quartier generale delle Generali. Non per niente, la secolare società in quei giorni aveva iniziato a offrirsi attraverso questa icona ai collezionisti d'alta fascia che aveva già individuato in Germania, Italia, Francia, Austria, Svizzera, Spagna, Emirati Arabi e Hong Kong. Ma, quanto più importava, fra un presagio e una predizione, è che le Generali avevano stimato che il mercato globale delle assicurazioni delle opere d'arte, nell'arco di un lustro, avrebbe raggiunto il valore di alcuni miliardi di dollari e che loro ne sarebbero divenuti uno dei Top Player.

Dunque, dopo che *America* era stata evidentemente maltrattata e svalutata dai ladri, l'artista, e non solo, era riuscito a fare della sua svalutazione un modo per rivalutarla – paradossalmente, aveva scambiato in forma di merce e convertito in denaro lo stesso furto che era stato commesso da chissà chi e a suo danno. Insomma, della sparizione del water era riuscito a farne una risorsa e, in definitiva, quella che poteva essere una "disfatta", addirittura fallimentare, era stato da lui trasfigurata in un'opportunità, facendo sì che *America* divenisse l'icona profittevole di un'altra merce ancora.

Per chiudere il cerchio in bellezza, le parole che accompagnavano la rinnovata icona di *America* e le facevano da incipit – "Great Artist Steal" – ci dicevano del furto, ma erano state esse stesse a loro volta rubate e, a essere precisi, erano un vero e proprio plagio: un furto di parole addirittura spudorato, essendo parole di una frase piuttosto nota fra gli addetti ai lavori. Però la frase era stata troncata e l'artista ne aveva preso solo l'ultima parte, facendola propria per altri fini, anche se i più non se ne erano accorti. La frase originale recitava: "I cattivi artisti copiano, i grandi artisti rubano" ed è una frase attribuita a Pablo Picasso. Dunque, l'astuto giullare, oltre che da Picasso, aveva imparato pure qualcosa da Guy-Ernest Debord e Gil J. Woman che ne *Les Lèvres Nues* avevano esaltato *I Canti di Maldoror* del Conte di Lautréamont con queste parole: "il plagio è necessario. Il progresso lo implica".

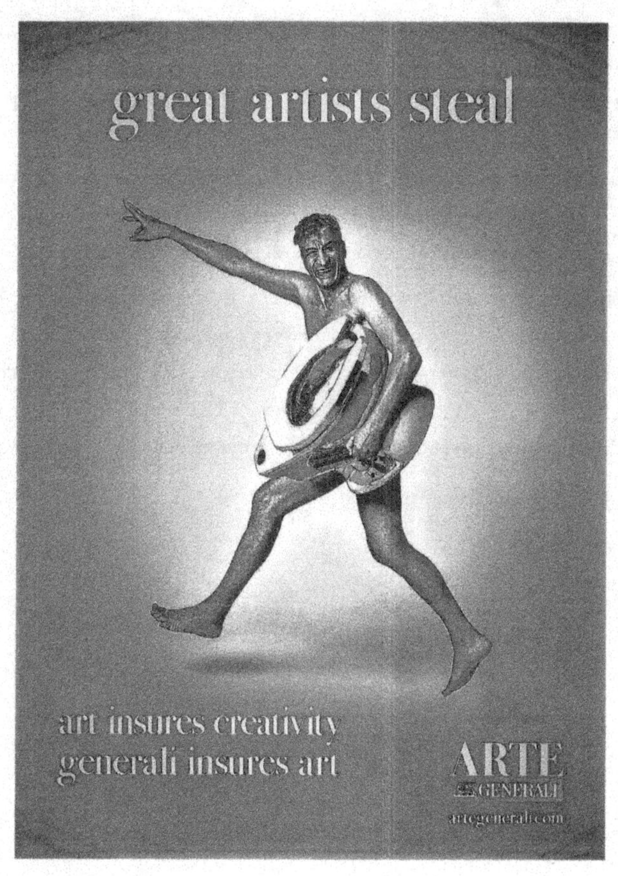

great artists steal
art insures creativity
generali insures art
ARTE
GENERALI
artegenerali.com

Insomma, queste parole poste a capo dell'icona di *America*, volevano dire quanto mostravano: l'artista, beffardo, diceva di essere un ladro e si identificava con il ladro che equiparava a un artista fra i più grandi. Muovendosi oltre il vero e il falso, per abbracciare invece il verosimile e l'inverosimile, Maurizio Cattelan si era di nuovo divertito, dicendo e mostrando di essere l'autore del furto – e che ciò fosse incredibile o meno, importava ben poco. In ogni caso, l'artista si era comunque appropriato del furto del water e delle parole, a loro volta rubate, che lo indicavano e lo esaltavano in questa rinnovata icona.

In conclusione, quanto più importa è che questa rinnovata icona di *America* volesse semplicemente far trionfare una merce sulle altre, anche se all'artista non importava neppure più quale merce fosse. L'importante era che *America* non fosse venuta meno e che, in seguito a furti e plagi, fosse migrata d'icona in icona, per essere scambiata ancora come una merce, in un mondo di icone e merci.

L'arte, la merce, gli Idioti

postfazione di Simonetta Fadda

Fino a che punto l'arte ha collaborato – e continua a collaborare – alla trasformazione del mondo in un miraggio imperniato sulla «fantasmagoria delle merci»?*

Per rispondere a questa domanda, Roberto Costantino raggruppa un insieme di opere apparentemente disparate e ci mostra il nesso nascosto che le collega una all'altra: tutte ci raccontano a modo loro le trasformazioni economiche che hanno caratterizzato il secolo breve da cui siamo usciti una ventina d'anni fa e che ancora distinguono il nuovo millennio in cui ci troviamo adesso. Che il Novecento – e ancora di più il Duemila, siano i momenti storici in cui si è consacrato il trionfo della merce, ovvero si è definitivamente affermata la possibilità di convertire in denaro oggetti, comportamenti, saperi, «ancora prima che siano usati» (cfr. "I tubetti di colore di Marcel Duchamp"), non è certo una novità. Inusuale, però, è analizzare l'arte attraverso questo filtro critico, sapendone trarre ragionamenti tanto affascinanti quanto convincenti.

Sono rari i commentatori così avventati, o ambiziosi, che lo fanno. Soprattutto nell'epoca del tramonto delle ideologie e della nascita d'impensati sospetti verso quelle utopie di cui tutti ci nutrivamo avidamente, almeno fino all'altro ieri. Costantino ha dalla sua la peculiarità di essere un artista e questo gli permette non soltanto la sfrontatezza di affrontare le opere e i giorni dell'arte recente con irriverente rispetto, ma soprattutto gli dona un'esacerbata sensibilità nei confronti della materia che tratta. Sa di cosa sta parlando. Di più: le questioni che attraversano l'operare degli artisti che troviamo in *Cloaca* sono anche le sue. Costantino conosce bene i paradossi e le contraddizioni probabilmente insolubili, qui tratteggiati così chiaramente. Al punto che la cura con cui ricostruisce le situazioni evocate nel testo, ci permette di toccare con mano le opere descritte. Siamo catapultati al centro della scena insieme agli artisti, anzi a dire il vero ci sentiamo trasportati nella mente degli artisti stessi e ci sembra di vivere quelle opere come le vivevano loro, quando le concepivano. L'insensata sensazione che proviamo è di riuscire a vedere coi nostri occhi delitti già compiuti, come se fossero ancora da venire. Mai la critica d'arte ce li ha raccontati in questi termini.

Perché è indubbio che di delitti si tratti. Delitti dei quali siamo tutti vittime e carnefici al tempo stesso – e il bello (!) è che non ce ne accorgiamo nemmeno, proprio perché siamo stati «trasformati, nel corso dell'evoluzione della specie, in Idioti» (cfr. "L'Idiota di Tristan Tzara e la dadaizzazione del mondo in forma di merce"). Questo lungo lavorio di trasmutazione antropologica si è prodotto grazie alla penetrazione delle merci nel mondo, una penetrazione di cui l'arte è in qualche modo complice. Perlomeno quella che ci mostra Costantino, l'arte che si manifesta in modo sotterraneo, invisibile, esattamente come nelle merci resta sotterraneo e invisibile il lavoro – fatto di fatica, tempo di vita, costi materiali – di cui esse sono il prodotto. Quell'arte che, da Duchamp in poi, ha cercato sempre più spesso di dissimularsi sotto mentite spoglie, di nascondersi dietro altro o di presentarsi come altro tout court. Al punto che, sempre più spesso, al pubblico non è richiesto di ragionare su quanto vede/ode e sulle sensazioni che questo vedere/udire gli suscita, ma di «immaginare quanto non vede» (cfr. "Erased de Kooning Drawing, Robert Rauschenberg, 1953"), *credendo alla sua esistenza.*

È questo l'altro aspetto messo in luce da Costantino nel suo dissacrante pamphlet che fa a pezzi, celebrandolo, il sistema dell'arte moderna e contemporanea: l'atto di fede necessario, dal Novecento in poi, per postulare la presenza dell'arte, indipendentemente dalle sue manifestazioni. Un atto religioso. Un atto che eleva l'arte a momento di rivelazione, trascendente e materiale al tempo stesso, nel quale è possibile fare esperienza della sacralità del principio di valore delle merci, su cui si fonda la religione laica del capitalismo. Al capitalismo, infatti, la nostra società globale "crede", proprio come si crede alle religioni, al punto che oggi è impensabile concepire scenari reali e materiali non intrappolati nelle sue maglie. Del resto, Costantino lo dice chiaramente, quando parla di opere d'arte come di «icone della merce» (cfr. "Dall'iconoclasmo all'iconoclasmo profittevole"), mettendoci davanti alla cruda realtà del fatto che «così come non se ne esce dal mondo delle icone, non se ne esce neppure dal mondo delle merci» (ivi), anche – e soprattutto – se si tenta di distruggerlo. Il capitalismo è a tutti gli effetti una religione disperata o, come dice Costantino «aberrante» (cfr. "La *Cloaca* delle icone"). Non prescrive una «riforma dell'essere, ma la sua completa rovina» (W. Benjamin 2018, p. 63).

Il suo principio di valore o, se si preferisce, la sua forma di razionalizzazione economica, consiste nel «trasformare qualsiasi cosa – quale che sia, poco importa – in merce» (cfr. "La *Cloaca* delle icone"). Così facendo, «ha realizzato il Paradiso in terra, ma ha dovuto trasformare la terra in un immenso cumulo di feci» (ivi).

Nonostante queste mie premesse che potrebbero sembrare lamenti, la lettura di questo pamphlet non è per nulla deprimente, oppure noiosa. Non siamo davanti a un trattato accademico, né Roberto Costantino è un primo della classe, o si atteggia a tale. Leggendo *Cloaca* si ride molto spesso di gusto. Di continuo, si sorride. Sempre, ci si trova d'accordo con ciò che si legge. La grazia della scrittura di Costantino riesce a porgere ragionamenti pesanti con leggerezza, in forma a volte quasi poetica. Soprattutto, Costantino non parla solo di merci e icone. Al contrario, ci fa capire la forza liberatoria degli atteggiamenti rivoluzionari che hanno percorso il Novecento artistico, anche se tutti ci hanno mostrato che poi, in definitiva, le rivoluzioni dell'arte colpiscono benissimo al livello del linguaggio, ma non riescono a scalfire di un centimetro la materialità delle leggi mercantili che governano il mondo, per astratte che siano.

Questo ci insegna l'Internazionale Situazionista che ha inventato il détournement, per poi vederselo sfuggire di mano come un'anguilla, trasformato in «uno dei mezzi di riproduzione e rinnovamento più efficaci e sorprendenti della "società esistente", tanto che nulla più può scampare a tale scempio» (cfr. "La *Peinture détournée* di Asgar Jorn"). Questo ci mostra anche l'opera magistrale di Giuseppe Chiari, condensata a dovere nelle parole di Costantino: «siamo comunque rimasti imprigionati in riti, protocolli e regole che rinviano a istituzioni in cui la libertà – la nostra libertà – è tuttora detenuta insieme alle opere d'arte» (cfr. "Il pianoforte di Giuseppe Chiari"). Così come è una questione di linguaggio, anche se in questo caso è un linguaggio pesantemente concreto, il vandalismo di stato che si abbatte sul *Pegaso* di Arturo Martini per liberarlo delle sue vestigia fasciste. Un atto di maquillage superficiale che rispecchia analoghi atti di maquillage all'italiana, compiuti in quello stesso periodo, nei confronti di funzionari statali e militari fascisti (a volte fascistissimi), tutti rimasti ai loro posti di lavoro o persino promossi, con semplici aggiustamenti nelle denominazioni di tali posti di lavoro. Occhio non vede, cuore non duole!

Ma in *Cloaca* si trovano anche le mutazioni attraversate dal lavoro che da duro, faticoso e sudato – quello nei campi, prima dell'industrializzazione dell'agricoltura e della "promozione" dei contadini a operai – diventa "smart", "divertente", quasi un passatempo, come quello dei cosiddetti "Art Worker" qui efficacemente tratteggiati (cfr. "Dal mezzadro al *Mezzadro* dei fratelli Castiglioni" e "Rirkirt Tiravanija e l'*Arte Relazionale* degli Art Worker"). Per chi si occupa d'arte oggi – a tutti i livelli, artisti compresi – respirare equivale a lavorare, mentre l'universo sociale e relazionale "privato" s'identifica completamente con quello lavorativo "pubblico". Non c'è via di scampo al lavoro e alla trasformazione in denaro del tempo di vita: «il capitalismo è la celebrazione di un culto *sans trêve et sans merci*» (W. Benjamin, op. cit., p. 61), è un culto che non conosce pause, perché è *perenne*.

La novità dell'operazione di Costantino, in definitiva, sta nel mescolare sacro e profano, materialità e astrazione, idee e oggetti, alto e basso, proprio come fanno gli artisti nelle loro creazioni. Perché questo è un libro d'artista, travestito da saggio critico. Forte delle indicazioni presenti nelle opere qui analizzate, che giocano a nascondino con ciò che vogliono mostrare, Costantino ha deciso di dissimularsi dietro un altro mestiere. La dimostrazione che invece *Cloaca* è un libro d'artista in senso proprio, anche se può sembrare tutt'altro, è nel corredo d'immagini che guida la lettura dei testi, una più interessante, o più stupefacente, dell'altra. Qui Costantino, bisogna dirlo, è stato un po' snob. Alcune immagini sono notissime e tutti le possono riconoscere. Altre, però, non si sa proprio da dove arrivino. In ogni caso, tutte sono frutto di certosine ricerche. Per esempio, è formidabile il volantino della sezione italiana dell'Internazionale Situazionista, probabilmente vergato da Jorn, che commenta l'azione vandalica di Van Guglielmi, accostato all'illustrazione di Walter Molino, storico disegnatore quasi iperrealista della *Domenica del Corriere*. Così come è emozionante l'immagine in cui compaiono Yves Klein e Dino Buzzati insieme sulla riva della Senna, per officiare il rito di distruzione di una delle *Zones de sensibilité picturale immatérielle* di Klein, che ci fa vedere tutta la profondità di un'amicizia artistica di cui avevamo solo letto in modo sporadico. O, ancora, solo la riproduzione del documento rilasciato dalla questura a Maurizio Cattelan, relativo alla denuncia del furto di «un pacco contenente un'opera "Invisibile"», ci fa leggere chiaramente tutta l'ambiguità che ha reso possibile questa geniale operazione. Così come la sfilza di pessimi selfie scattati vicino all'opera *America*, sempre di Cattelan, rende evidente la cafoneria del nostro mondo sovraccarico di merci e di desideri inappagati.

Però, c'è un'immagine più significativa di tutte le altre, quella che apre il libro. In essa vediamo degli uomini con la testa d'asino, allegoria della stoltezza e dell'ignoranza. Proprio per il fatto che sono anche asini, cioè stolti, questi uomini se la prendono con i simboli della cultura e della civiltà. Un'immagine della quale, però, è difficilissimo riconoscere autore e origine. Quest'immagine è l'ingrandimento estremo di un dettaglio, presente in un dipinto del fiammingo Frans Francken II, conservato a Chiavari presso la Società Economica. In realtà, il quadro ritrae un gabinetto delle meraviglie, tipico del Cinque-Seicento. Il gabinetto con le sue stranezze occupa la maggior parte della scena, mentre dalla piccola finestra a bordo immagine si vede il paesaggio popolato da questi vandali "onocefali". Il titolo è tutto un programma, per gli argomenti trattati in *Cloaca*, infatti così recita: *Cabinet d'amateur con asini iconoclasti*. All'improvviso, alla luce di questo titolo, l'operazione di Costantino s'illumina di nuova luce. Da un lato, l'elenco di opere e azioni da lui dissezionate a dovere assume le sembianze di un insieme di meraviglie, come quelle custodite dagli eccentrici proto-collezionisti del tempo. Dall'altro, il dettaglio grottesco relativo agli onocefali si rivela un'allusione perfetta, condensata in immagine, al nostro status attuale di novelli Idioti, abbagliati dal luccichio delle merci. Dopotutto, nonostante le analisi critiche, ironiche, scanzonate o al vetriolo di Costantino, oggi «non è possibile fare di più» (cfr. "Il pianoforte di Giuseppe Chiari") e non possiamo che guardare da lontano «la nostra libertà tuttora detenuta insieme alle opere d'arte» (*ibidem*).

* Riprendo l'espressione da Walter Benjamin, che la utilizza a più riprese
in numerosi suoi testi.

Riferimenti bibliografici:

Walter Benjamin, *Capitalismo come religione*, il melangolo, Genova 2018 Walter Benjamin, *Das Passagen-Werk* 1-2, Suhrkamp, Frankfurt am Mein 1983

Roberto Costantino è nato nel 1965

a Burgsteinfurt (Germania), vive a Savona.

Nel 1984 ha esordito come pittore nello Studio di Corrado Levi a Milano e al Castello Colonna di Genazzano su invito di Sylvano Bussotti, nell'ambito del 1° Festival del Bussotti Opera Ballet. Negli anni Ottanta e Novanta ha realizzato esposizioni personali e partecipato a esposizioni collettive promosse da gallerie, fondazioni e musei d'arte contemporanea. Nello stesso periodo ha pubblicato il libello di critica radicale *L'Arte al potere* e i "Silent Book" *Il Ruolo, Untitled, Disegni politici.* Nel 1994 ha curato l'edizione del libro *Teoria* di Giuseppe Chiari, con il quale ha anche realizzato esposizioni, concerti, litografie, workshop e conferenze.

Iscritto all'Ordine dei Giornalisti, nel 1997 ha iniziato a collaborare con la rivista d'arte contemporanea *Flash Art* (Milano) di cui è stato Reviews Editor da 1998 al 2001. Ha inoltre collaborato con le riviste *Alfabeta2* (Milano), *Deriveapprodi* (Roma), *Experimenta* (Madrid)), *Intervista* (Milano), *Juliet* (Trieste), *Perché/?* (Milano).

È Presidente dell'Associazione Culturale Attese Edizioni che nel 2001 ha fondato la Biennale di Ceramica nell'Arte Contemporanea (Distretto della Ceramica di Albisola e Savona), alla quale hanno collaborato, nel corso di quattro edizioni, curatori di fama internazionale e oltre cento artisti e designer provenienti da tutto il mondo.

Nel 2006 ha costituito per Attese Edizioni il Laboratorio transdisciplinare di progettazione, prototipazione e produzione di serie limitate di ceramiche d'autore. I prototipi sono stati mostrati, in ordine sparso, da istituzioni come la Casa Museo Boschi Di Stefano, Milano; Design Museum, Helsinki; Fabbrica del Vapore, Milano; Fondazione Cittadellarte, Biella; Groninger Museum, Groniger; Musée National de Céramique, Sèvres; Museo Bagatti Valsecchi, Milano; Museo dei Fori Imperiali, Roma; Museo Poldi Pezzoli, Milano; Museum van Hedendaagse Kunst, Anversa; Triennale Design Museum, Milano; Salone del Mobile, Milano. Ha ordinato e curato la collezione dei prototipi che nel 2014 è stata acquisita dalla Fondazione Agostino De Mari per il Museo della Ceramica di Savona. Ha curato il libro dedicato ad Attese Edizioni, *Cambiare il mondo con un vaso di fiori,* Corraini Edizioni (Mantova). Nel 2019 è uno degli autori del libro *Kritik,* Deriveapprodi (Roma).

Ha curato esposizioni di arte contemporanea, ceramica e design per l'Ariana-Musée Suisse de la Ceramique et du Verre di Ginevra, la Collezione Permanente del Design de La Triennale di Milano, l'Istituto Italiano di Cultura a Madrid dell'Ambasciata d'Italia in Spagna, la Fondazione per l'Arte Contemporanea Pier Luigi e Natalina Remotti-Città di Camogli, il Mudac-Musée de design et d'arts appliqués contemporains di Losanna.

È Executive & Art Editor del Museo Digitale della Ceramica Contemporanea (www.attesedizioni.org).

**Cloaca
Icone dell'arte e della merce**
di Roberto Costantino

postmedia books 2021
128 pp.
isbn 9788874903184

Finito di stampare nel mese di ottobre 2021
presso *Sartoria editoriale*, Milano

tutti i diritti riservati / all rights reserved
È vietata la riproduzione non autorizzata
con qualsiasi mezzo, compresa la fotocopia
o qualsiasi forma di archiviazione digitale.
All rights reserved. No part of this book may be reproduced
or transmitted in any form or by any means, electronic or mechanical,
without permission in writing from the Publisher.

*Postmedia Srl
Milano*
www.postmediabooks.it

www.ingramcontent.com/pod-product-compliance
Lightning Source LLC
LaVergne TN
LVHW020338200726
843507LV00012B/2411